DILI DIMAO DE BIANQIA

本书编写组◎编

地理地貌的变迁

广州·北京·上海·西安
世界图书出版公司

揭开未解之谜的神秘面纱，探索扑朔迷离的科学疑云；让你身临其境，受益无穷。书中还有不少观察和实践的设计，读者可以亲自动手，提高自己的实践能力。对于广大读者学习、掌握科学知识也是不可多得的良师益友。

图书在版编目（CIP）数据

地理地貌的变迁/《地理地貌的变迁》编写组编．—广州：广东世界图书出版公司，2009.11（2024.2重印）

ISBN 978－7－5100－1199－3

Ⅰ．地… Ⅱ．地… Ⅲ．①地理学－青少年读物②地貌学－青少年读物 Ⅳ．K90－49 P931－49

中国版本图书馆 CIP 数据核字（2009）第 204798 号

书　　名	地理地貌的变迁	
	DILI DIMAO DE BIANQIAN	
编　　者	《地理地貌的变迁》编写组	
责任编辑	陶　莎	
装帧设计	三棵树设计工作组	
出版发行	世界图书出版有限公司　世界图书出版广东有限公司	
地　　址	广州市海珠区新港西路大江冲 25 号	
邮　　编	510300	
电　　话	020-84452179	
网　　址	http://www.gdst.com.cn	
邮　　箱	wpc_gdst@163.com	
经　　销	新华书店	
印　　刷	唐山富达印务有限公司	
开　　本	787mm×1092mm　1/16	
印　　张	10	
字　　数	120 千字	
版　　次	2009 年 11 月第 1 版　2024 年 2 月第 12 次印刷	
国际书号	ISBN　978-7-5100-1199-3	
定　　价	48.00 元	

前言

PREFACE

"沧海桑田"本意是指大海变成农田，农田变成大海，比喻世事变化很大。这种"沧桑之变"是发生在地球上的一种自然现象。因为在地球的内力和外力作用下地壳经常处于运动状态，地球表面上存在着各种地壳运动的遗迹，如断层、褶皱、高山、盆地、火山、岛弧、洋脊、海沟等；同时，地壳还在不断的运动中，如大陆漂移、地面上升和沉降以及地震都是这种运动的反映。引起"沧海"变成"桑田"的另外一个重要原因，是气候的变化。气温降低，由海洋蒸发出来的水，在陆地上结成冰川，不能回到海中去，因而海水减少，浅海就变成陆地，相反，气温升高，大陆上的冰川融化成水，流入海洋，会使海面升高，因而能使近海的陆地或低洼地区，变成海洋。据科学家测算，如果地球大陆上的冰川全部融化，流入海洋的水可以使海面平均升高七八十米，那样将有许多陆地变成海洋。此外，河流每时每刻都在把泥沙带入海中，天长日久也会将一部分海滨冲积成陆地。因此，这种"沧海桑田"的变化，在地球上是普遍进行着的一种自然过程。

但是真实的地貌的变化又远非"沧海桑田"这样简单，不同地貌有着不同的成因，如大陆和海洋，它们与整个地球内部物质构成和运动有关，确切地讲，与地壳组成和岩石圈运动相关联；而冲沟和河谷的形成和发展又与气候控制的流水相联系。因此要研究地貌的成因、演化与分布，仅分析地球表面的起伏、高低是不够的，还应注意固体地球较深部位的构成和运动规律，固体地球表面以上的大气圈的运动和气候带展布规律。

所以说，地貌的发育是各种内力和外力在地表相互作用的过程。内力作用的总趋势使增加地面的起伏；外力作用的总趋势使削高填低，减少地面的起伏。因此，内力的隆起和外力的侵蚀，内力的下沉和外力的堆积，彼此是相互联系相互制约的，在一定程度上是协调发展的。但是，在不同地区、不同时间和不同的时空结构层次中，各种内力和外力的组合、配合形式各不相同，因而地貌形成发育的过程、方向、规模和表现形式等也不一样。这也导致了地貌类型的多样性和地貌区域的差异性。

　　未来的地球地貌发展趋势将会怎样？地球上的各种生物将往何处去？人类将往何处去？这是每个人都应该关注的问题。因为，地球实在伤不起了。历史进入 20 世纪以后，人类社会前进的每一步，所取得的每一个文明成果，对地球所进行的每一点改造，无不体现了人类对地球的掌控欲望。"人定胜天"确实可以满足部分人类膨胀的表现欲和自信心，但是在某种意义上说，人不一定要"胜天"，看看人类活动对地球的影响：臭氧层被破坏，全球气候变暖，冰川融化，海平面上升，淹没很多土地；另外，土地沙漠化，人类的耕地和居住地正被沙漠一点点地蚕食。总之，地球的未来不容乐观。所以，希望每个读者朋友都认真地阅读本书，思考一下，自己应该为地球做些什么。

　　本书既注重于从宏观角度去分析各种地貌产生的来龙去脉，也能够从微观的具体的角度去分析各种地形此消彼长。让读者从中学到丰富的地理知识，从而能够从尊重客观规律、维护地球生态平衡的角度去做一些工作，保护环境，保护地球，为人类的美好未来创造一个健康的可持续发展的生存环境。

Contents 目 录

地貌的变迁

DIMAO DE BIANQIAN

　　地貌即地球表面各种形态的总称，它在地理学上也叫地形。地貌多种多样，成因也不尽相同，它是内、外力地质作用对地壳综合作用的结果。内力地质作用造成了地表的起伏，控制了海陆分布的轮廓及山地、高原、盆地和平原的地域配置，决定了地貌的构造格架。而外营力（流水、风力、太阳辐射能、大气和生物的生长和活动）地质作用，通过多种方式，对地壳表层物质不断进行风化、侵蚀、搬运和堆积，从而形成了现代地面的各种形态。一部地貌的变迁简史，也就是一部地球的成长史。本章地貌讲叙的是整个地球的地貌，部分涉及中国地貌，营造中国地貌的外动力主要有流水、冰川、冻融、风、海水等，它们直接或间接深受气候的支配。从地理学意义上说，中国地貌是地球地貌的一个很重要的组成部分。

认识地球

　　地球总面积约为 5.10072 亿平方千米，其中约 29.2%（1.4894 亿平方千米）是陆地，其余 70.8%（3.61132 亿平方千米）是水。陆地主要在北半球，

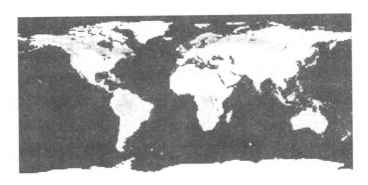

地球大陆的分布

有 4 个大陆：欧亚大陆、非洲大陆、美洲大陆、澳洲大陆和南极大陆，另外还有很多岛屿。大洋则包括太平洋、大西洋、印度洋和北冰洋 4 个大洋及其附属海域。海岸线共长 356000 千米。

地球上有 6 个巨大的陆块——欧亚大陆、非洲大陆、北美洲大陆、南美洲大陆、澳大利亚大陆和南极洲大陆。在这 6 大块大陆的四周还星罗棋布地布满了许多岛屿，大陆和它四周的岛屿合起来称为"洲"。大陆的地貌结构错综复杂、形态各异。与高原、山脉形成强烈对比的是盆地和洼地。地球大陆上还有众多的河流和湖泊。

地质学家研究认为，在太古时代，地球上所有的陆地都是连在一起的，

从空中看到的地球

后来因强烈的地壳运动，这块大板块四分五裂，分散漂移而形成了现今的海陆分布。科学家们惊奇地发现：地球上的七大洲大陆就像"七巧板"，可以相当吻合地拼合在一起。其中北美洲和南美洲组成一对，欧洲和非洲组成一对，亚洲和澳洲组成一对，这三对大陆自西向东排列在一起，构成了原始的大板块，剩下的南

极洲正好补在三对大陆在南半球的空缺位置上。后来，这七块板块逐渐发生断裂：亚洲与澳洲分离，欧洲与非洲分离，美洲大陆和欧非大陆分离，南极大陆也孤零零地越漂越远。直至今日，这些大板块还在悄悄地移动。

 知识点

地　球

地球是人类居住的星球，它是太阳系中直径、质量和密度最大的类地行星。它与太阳的平均距离为 149,597,870 千米（1 天文单位），在行星中排第三位，它的赤道半径为 6378.2 千米，其大小在行星中列第五位，是一个两极略扁的不规则椭球体。它也经常被称作世界。英语的地球 Earth 一词来自于古英语及日耳曼语。目前，地球已有 44 亿~46 亿岁，有一颗天然卫星——月球围绕着地球以 30 天的周期旋转。地球自西向东自转，同时又围绕太阳公转。地球自转与公转运动的结合使其产生了地球上的昼夜交替和四季变化（地球自转和公转的速度是不均匀的）。

地貌的变迁简史

地球形成之初，既没有高山，也没有海洋，它只是一个椭圆形的球体，体积只有现在地球的一半甚至还要小。

地球在几十亿年的发展过程中，由于地球的引力作用，将太空中的尘埃、颗粒、石块、冰块等物质不断地吸附到地球上来，另外，彗星的碎块

史前地球假想图

和小行星不断被地球所吸收，使得地球的体积在逐渐增大。

由于地球地壳内部的不断运动，岩浆不断大量喷发，以及地球的造山运动和地质构造的不断变化，逐渐形成了连绵不断的高山和高低不平的山脉，也就导致了地球体积的不断增大。

后来由于地球的温度呈逐渐上升的趋势，使得地球上的冰雪不断融化，造成了海洋面积的不断扩大，导致了地球上一系列物质和物体的变化，也导致了地球面积的扩大。

几十亿年以来，地貌的变迁可以分为以下五个阶段。

第一阶段：大约从距今 45 亿年前开始到 24 亿年以前。那时地球上只有深浅多变的广阔海洋，没有宽广的大陆。

早期地球假想图

海洋中分散着一些火山岛，陆地只有些秃山，一片荒凉。岩浆活动剧烈、火山喷发频繁，经常出现烟雾弥漫的景象。这个时期形成的地层叫做太古界，大都是变质很深的岩石，中国泰山就是由这些古老岩层构成的。

第二阶段：约开始于距今 24 亿年，一直到 5 亿～7 亿年前结束。现在的陆地在那时仍大部分被海洋所占据。那时地壳运动很剧烈。元古代晚期，出现了若干大片陆地。

第三阶段：从距今约 5 亿～7 亿年开始到 2 亿～3 亿年前，一直延续 3 亿～4 亿年，可分为寒武纪、奥陶纪、志留纪、泥盆纪、石炭纪和二叠纪 6 个纪。这个时期地壳运动最剧烈，许多地方反复上升和下沉，早期海洋仍然占据优势，到了中后期陆地面积才大大增加，亚欧大陆和北美大陆已基本形成。

第四阶段：从距今 2 亿～3 亿年开始到 0.67 亿年前，一直延续了约 1.63 亿年。可分为三叠纪、侏罗纪和白垩纪 3 个纪。

中生代末，南美、非洲、印度、澳大利亚和南极大陆已经分离开来，并且在它们之间与欧亚大陆和北美大陆之间形成了两个巨大的大洋盆地：印度洋和大西洋。有的地方地壳活动很剧烈，形成了一些高大的山系，如环太平洋的一些高大山系。中国的大陆轮廓在这时基本形成。

白垩纪的恐龙假想图

第五阶段：从距今6700万年开始延续至今。可分为第三纪和第四纪。这个时期发生的地壳运动——喜马拉雅运动，使地层产生褶皱、断裂和变质，造就了现在世界上许多高山，如亚洲的喜马拉雅山系、欧洲的阿尔卑斯山系及南美洲的安第斯山系等。这个时期的海陆分布、山岳位置和江河流向等都和现代的很相似；气候逐渐变凉，特别是后期，冷暖波动大，局部地区出现冰川。

地质年代

地质年代是地壳上不同年代的岩石在形成过程中的时间和顺序。地质年代可分为绝对地质年代和相对地质年代。绝对地质年代也称放射测定年代，或称同位素年龄，它是根据岩层中放射性同位素蜕变产物的含量加以测定的，是指岩石生成距今的年数，即岩石的年龄。相对地质年代主要是依据古生物学的方法加以划分的，是指岩石相对的新老关系形成的顺序，如古生代、中生代、新生代等。人们根据地层的顺序、生物演化阶段、地壳运动和岩石的年龄等地壳的演化史，把地球的历史分为太古代、元古代、古生代、中生代、新生代五个代，每个代又分为若干个纪。人们把组成地壳的全部地层代表的时代，总称为地质年代。

冰川时期

几十亿年以前，地球是一个冰球。整个地球几十亿平方千米的面积完全包裹在几百米、几千米或上万米厚的冰层之中，其冰层的规模就如同现在南极冰盖的冰层，甚至比南极冰盖的冰层还要厚，还要壮观。

冰川时期的地球假想图

所谓冰期，是指地球历史中的一段寒冷时期。在这个时期，不仅地球的两极有冰川分布，就连一些纬度较低的温带地区也分布着冰川。有人想象，在冰期，整个大地一片银白，到处是厚厚的冰层，鹅毛般的大雪满天飞舞，填平了地上的坑坑洼洼。世界万籁俱寂，除了寒风呼啸，听不到生物的喧闹。这种没有生机的宁静世界听起来有几分吓人，但在地球的发展过程中，确实出现过，而且不止一次地出现过。

据地质学家研究，自地球上生物开始大量出现以来的6亿年时间里，地球上就发生了3次特大冰期。第一次是距今65亿~67亿年间，第二次发生在27亿~35亿年间，第三次距今仅1万~250万年。在大冰期时，并非始终保存同样的低温，有时也出现短期的转暖期，称为间冰期。例如距现代最近的一次冰期，其间就出现过七八次间冰期。

冰期不仅影响了地球上生物的演化，也改变了地球的面貌。在大冰期时，厚厚的冰层压着冰下的陆地，冰水对岩石和地面有极大的破坏能力，在长期的破坏下，地表就会渐渐变得平坦无垠。据科学家研究，我国的华北大平原和东北的松辽平原就是在最近的一次冰期中，冰雪融化的水流把高处的泥沙带到低处填平而形成的。连长江、黄河也是由最近的一次冰期作用形成的。

冰 川

冰川（或称冰河），是指大量冰块堆积形成如同河川般的地理景观。在终年冰封的高山或两极地区，多年的积雪经重力或冰河之间的压力，沿斜坡向下滑形成冰川。受重力作用而移动的冰河称为山岳冰河或谷冰河，而受冰河之间的压力作用而移动的则称为大陆冰河或冰帽。两极地区的冰川又名大陆冰川，覆盖范围较广，是冰河时期遗留下来的。冰川是地球上最大的淡水资源，也是地球上继海洋以后最大的天然水库。

改变地貌的十种力量

外力作用

外力作用是由于来自地球外部的能量所引起的一种地质作用。在地球外部太阳能和重力能的影响下，地球上的大气、水和生物等发生了变化，从而产生了风化、侵蚀、搬运、沉积和固结成岩作用等表现形式。内力作用仅为大自然提供了"粗毛坯"的地表形态，而当今多姿多彩的地表形态则是外力作用对"粗毛坯"雕刻的结果。外力作用和内力作用共同对地貌产生影响，但外力作用总是试图把高山削低、凹地填平，使高低不平的地貌趋向平坦。外力作用的各个表现形式是相互联系的统一过程，风化作用是侵蚀作用的基础，风化、侵蚀作用的产物又使搬运作用有了可能。正是由于这些作用长期缓慢地影响，才有今天千姿百态的地貌。

内力作用

内力作用是由来自地球内部的能量所引起的一种地质作用。地球本身的放射性元素在衰变的过程中，产生了巨大的热能，在一定的压力影响下，发生地壳运动、岩浆活动、变质作用和地震等表现形式。内力作用塑造了山岭和低地，使地球表面变得高低不平。地球上许多高山就是由内力作用形成的。新生代发生了一次规模巨大的造山运动——喜马拉雅运动，现在世界上的许多高山都是这次运动造成的。对人类威胁很大的地震和火山活动也是内力作用的反映。内力作用虽然和外力作用同时在改变着地貌，但造成地貌变化的主导因素还是内力作用。

大陆漂移

大陆漂移指地壳上部的大陆地块会像冰块浮在海洋中一样不断地漂移。这一看法是由德国地球物理学家魏格纳首先提出的。

早在 1910 年，魏格纳在欧洲的北大西洋海岸边散步时，看到从北极海漂来的冰块和冰山在海洋中缓缓地向南漂去的壮观景象，这使他产生了地表的大陆块会不会像这些冰块、冰山一样在地壳上漂移的想法。当他打开世界地图时，惊奇地发现，大西洋两岸的地形是那样的相似，如果把东岸的欧洲、非洲海岸线与西岸的南、北美洲海岸线拼在一起，它们便能很好地吻合在一起。以后，他又发现大西洋两岸在岩石和岩石中的化石以及它们反映的气候

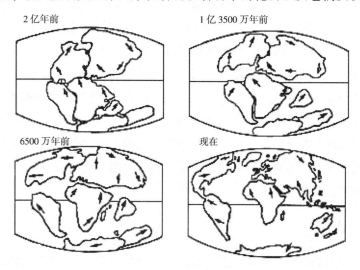

大陆漂移示意图

都是十分相似的。因此，他认为大西洋是由于大陆漂移而形成的。

1912年，他正式提出了著名的大陆漂移假说。不幸的是，当时这一学说遭到许多人的反对，直到20世纪60年代，绝大多数人才相信大陆确实发生过漂移，而且目前还在漂移着。

海底扩张

海底扩张指大洋底部的地壳一直在从中央海岭向两侧不断扩张。中央海岭是大洋底部高起的海底山脉，就在这条山脉中央有一条很深的裂谷，裂谷底部是一座座海底火山，地壳深处的岩浆就像挤牙膏一样不断地从这些海底火山口挤出来。熔岩冷却后堆积在火山口两侧，成为黑色的熔岩山丘，同时，它们向两侧扩张出去，使新涌出的岩浆在火山口两侧继续堆积，然后又向外扩张出去。

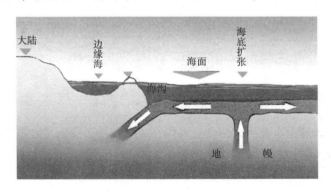

海底扩张示意图

这种扩张，在大西洋和印度洋，每年向外扩张1~5厘米，太平洋东部扩张速度较快，每年达10厘米。这样，大洋底部就像工厂里的传送带一样，将新岩浆形成的熔岩山丘由中央海岭向两侧传送，一直传送到大陆附近的海沟中，然后从海沟底部直插地壳深处。由于海底扩张，整个大洋地壳每2亿~3亿年就要更新一次，所以大洋地壳要比大陆地壳年轻。

板块运动

板块运动指岩石圈分裂为板块的运动。这是科学家在大陆漂移和海底扩张的基础上提出的看法。岩石圈不是完整的一层坚硬外壳，而是由一块块板块构成的，它们像木块浮在水面上一样漂浮在软流层上面。粗略地可分为太平洋板块、亚欧板块、美洲板块、印度洋板块、非洲板块和南极洲板块等6大块。随着软流层的运动，各个板块也发生水平运动。它们可以相互分开、聚合、移动。板块运动会激起地震和火山活动，会造海建山，改变地球的外貌。

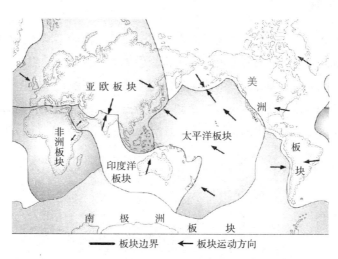

例如，地球上本没有大西洋，大约在2亿年前，美洲、欧洲和非洲之间出现了裂缝，板块分开，裂缝便扩大为S形的大西洋。原来是欧洲大陆一部分的英国，也在这个运动中分离成和欧洲大陆隔海相望的岛屿。

造山运动

造山运动是由水平方向的压力把地层褶皱成山并造成断裂的运动。产生褶皱和断裂的运动可以是迅速和剧烈的，也可以是缓慢而长期的。

在世界地图上，一眼可见从地中海西端的直布罗陀海峡的两侧到印度半岛的北部，是地球上山脉绵延、群峰林立的地带。为什么这么多的世界高峰会云集在这一带呢？原来这一带本是浩瀚的海洋，陆地上的泥沙随着流水进入海里，于是在海底出现了沉积层，不断沉积的泥沙把里面的水分挤了出来，变成了坚硬的岩石。巨大的重量使沉积层底部受到了强大的压力，同时地球内部又传来大量的热量，如果这时沉积层两侧的大陆被地球内部的对流推动而产生挤压，就会像老虎钳夹东西一样形成巨大的力量，于是沉积层就会隆出地面变成山脉，阿尔卑斯山脉和喜马拉雅山就是这样形成的。环绕太平洋的地区是地球上另一个高山云集的地方，这两个大造山带都是从距今 1.5 亿年前开始，并一直持续到现在的造山运动形成的。

阿尔卑斯山脉

喜马拉雅运动

喜马拉雅运动简称"喜山运动"，是发生于距今 7000 万年到 300 万年的一次造山运动。这次运动使整个古地中海发生了强烈的褶皱，地球上出现了横贯东西的巨大山脉，其中包括北非的阿特拉斯，欧洲的比利牛斯、阿尔卑斯、喀尔巴阡以及向东延伸的高加索和喜马拉雅山脉，它们是世界上最年轻的褶皱山脉，至今还保持着高峻雄伟的姿态。

环太平洋的北美海岸山脉，南美安第斯山脉以及西伯利亚的堪察加半岛，日本、中国台湾、菲律宾、印度尼西亚、新西兰等地也在这时升起，这些都

安第斯山脉

是地壳的最新褶皱带，这些地区也是现代火山和地震活动最为频繁的地区。喜马拉雅运动之后，中国境内的海陆分布和山川形势已基本与现代相似。

水平运动

水平运动是沿着与地球半径相垂直的方向进行的地壳运动。有点像我们用手平推桌布，桌布就会皱起一样，地壳岩层的水平移动使地壳岩层在水平方向上受到挤压力，形成巨大而强烈的褶皱和断裂等构造，使地表起伏加大。世界上许多高山、大洋都是水平运动造成的。

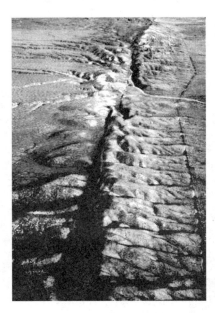

圣安得列斯断层

地壳从古到今都有水平运动，所以我们到处可以看见运动留下的结果。例如，1926—1935 年间欧洲与美洲之间的距离，平均每年增加 0.65 米；美国西部著名的圣安得列斯断层是在 1.5 亿年以前形成的，断层两侧同一岩层的总错距已达 480 千米。科学家根据对水平运动的研究，认为日本列岛正以 0.18 米/年的速度向亚洲大陆靠近，它是否会和亚洲大陆会合，引起了人们的兴趣。类似的还有夏威夷以 0.51 米/年的速度靠近北美大陆。更有趣的是澳大利亚大陆正以 0.06 米/年的速度向北移动，使澳大利亚有朝一日可能脱离副热干旱带而进入赤道多雨区，从而结束澳大利亚大陆的干旱史。

垂直运动

垂直运动是沿着地球半径方向进行的缓慢升降的地壳运动，常表现为大规模的隆起和凹陷，并引起地势高低起伏的变化和海陆变迁。

意大利那不勒斯海湾沿岸有 3 根高约 12 米的大理石柱，它们是垂直运动

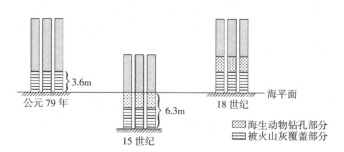

公元 79 年
3.6m
15 世纪
6.3m
海平面
18 世纪

▨ 海生动物钻孔部分
▤ 被火山灰覆盖部分

的见证。石柱原是一座古建筑的一部分，建于公元前 2 世纪古罗马时代。公元 79 年维苏威火山喷发后，石柱被火山灰掩埋了 3.6 米。以后这里渐渐下沉，到公元 15 世纪时石柱被海水掩埋了 6 米以上，海里的动物剥蚀着石柱，使 3.6～6.3 米处布满了密密麻麻的小孔。此后，这里又开始上升，到了 18 世纪，石柱又重新位于海面以上。从 19 世纪初期开始，这里再次下沉，到 1955 年石柱又被海水淹没了 2.5 米，地壳下沉速度超过 0.02 米/年，可见那不勒斯海湾沿岸正处于交替的升降运动之中。垂直运动还可能是很剧烈的，1692 年牙买加岛发生一次地震，使首府罗叶尔港的 3/4 沉入海底；许多年之后，在风平浪静的日子里，人们还能看见淹没在水下的一幢幢房屋。

人类活动

由于人类对自然界的过度索取，沙漠化程度越来越严重。人类为了所谓的"进步"，无节制地向大自然排放废弃物，致使二氧化碳浓度过高，臭氧层被破坏，导致了"温室效应"；南极大陆冰川正在急剧融化，海平面不断上升。

同时，人类也意识到了破坏大自然的严重后果，开始修

人们在植树来改善环境

建防护林，绿化环境，制定一系列法律法规保护环境。人类围海造田，治沙防沙，在一定程度上延缓了沙漠化进程，也日益改变着地球的面貌。

地壳运动

地壳运动是一种由内营力引起地壳结构改变、地壳内部物质变位的构造运动。通常所说的地壳运动，实际上是指岩石圈相对于软流圈以下的地球内部的运动。岩石圈下面有一层容易发生塑性变形的较软的地层，同硬壳状表层不相同，这就是软流圈。软流圈之上的硬壳状表层包括地壳和上地幔顶部。地壳同上地幔顶部紧密结合形成岩石圈，可以在软流圈之上运动。地壳运动可以引起岩石圈的演变，促使大陆、洋底的增生和消亡；并形成海沟和山脉；同时还导致发生地震、火山爆发等。

地球表面上存在着各种地壳运动的遗迹，如断层、褶皱、高山、盆地、火山、岛弧、洋脊、海沟等；同时，地壳还在不断地运动中，如大陆漂移、地面上升和沉降以及地震都是这种运动的反映。地壳运动与地球内部物质的运动紧密相连，它们可以导致地球重力场和地磁场的改变，因而研究地壳运动将可提供地球内部组成、结构、状态以及演化历史的种种信息。测量地壳运动的形变速率，对于估计工程建筑的稳定性、探讨地震预测等都是很重要的手段，对于反演地应力场也是一个重要依据。

地球的未来

再过 3 亿～5 亿年，地球的最高温度可能会达到 60～70 度以上，就是南北两极的最低温度也会达到 0 度以上。到那时，整个地球上所有的冰川将会全部融化而消失。几十亿年以前整个地球几十亿平方千米面积的巨大的冰层世界，将会在地球上再也找不到一点冰的痕迹，冰将会成为永远的过去，而从地球上永远消失。

在赤道两旁的热带、亚热带地区及我国的广东、海南等地，由于天气炎热，温度过高，已不适宜人类及所有的动物生存，人类和动物将会迁移到南北两极及温度适宜的地区居住。南北两极由于冰川的全部融化而暴露出的山川和陆地将会成为人类居住的密集区，会成为植物、树木及农作物生长繁殖的主要地区。

再过 5 亿~10 亿年左右，地球的温度将会升高到 100 度以上。巨大的海洋由于温度已过沸点而会如开水一样沸腾，并将会逐渐被吸收、蒸发而干涸，从此地球上再也找不到一滴水源。地球上的生命、动植物、人类由于温度过高而不能生存，将会全部消失。

温室效应

温室效应，又称"花房效应"，是大气保温效应的俗称。大气能使太阳短波辐射到达地面，但地表向外放出的长波热辐射线却被大气吸收，这样就使地表与低层大气温度增高，因其作用类似于栽培农作物的温室，故名温室效应。自工业革命以来，人类向大气中排入的二氧化碳等吸热性强的温室气体逐年增加，大气的温室效应也随之增强，气候将明显变暖。气温升高，将导致某些地区雨量增加，某些地区出现干旱，飓风力量增强，出现频率也将提高，自然灾害加剧。而且，由于气温升高，将使两极地区冰川融化，海平面升高，许多沿海城市、岛屿或低洼地区将面临海水上涨的威胁，甚至被海水吞没。因此，必须有效地控制二氧化碳含量增加，控制人口增长，科学使用燃料，加强植树造林，绿化大地，防止温室效应给全球带来的巨大灾难。

地貌的特征

DIMAO DE TEZHENG

地貌特征是指在一定区域内的地面状况以及基本特征。它通常包括高原与平原、山地与丘陵、盆地与沙漠、海洋与海峡、河流与峡谷、湖泊与岛屿、大陆架与大陆坡等一系列的地形特征。本章详细说明了上述各地貌特征，并选其中典型者加以详细介绍并适当举例说明，重点介绍了世界上面积最大的高原——巴西高原、世界屋脊——青藏高原、世界最长的山脉——安第斯山脉、世界最高的山系——喜马拉雅山、地球上海拔最高的死火山——阿空加瓜峰、地球上海拔最高的山峰——珠穆朗玛峰、世界上面积最大的沙漠——撒哈拉沙漠、世界上最大的河流——亚马孙河，以及四大洋、伏尔加河、格陵兰岛、莫桑比克海峡、、德雷克海峡、科罗拉多大峡谷、东非大裂谷等各种世界地理之最。资料翔实，篇幅合理，知识性和趣味性兼备。

高原与平原

高原是海拔高度较大，表面一般较为平坦的面积广大的高地。和平原相比，高原的海拔高度较大，多在 500 米以上；和山地相比，高原表面起伏较缓。高原所在的地区，往往是地壳大面积上升的地区，但由于上升速度较慢，使这里的地层没有剧烈的褶皱起伏，从而保持了较为平坦的外貌。但有的高原，由于流水的溶蚀等作用，使地表起伏变化较大，甚至崎岖不平，如云贵高原。中国的高原面积广大，约占全国总面积的 1/4，多分布在西部地势的第一、二级阶梯上。如"世界屋脊"青藏高原就位于中国地势的第一级阶梯上，在第二级阶梯上有内蒙古高原、黄土高原和云贵高原。有的高原草原辽阔，为发展畜牧业提供了条件；有的高原矿产资源丰富；也有的高原人烟稀少，有待人们去开发。

陆地上海拔高度相对比较小的地区称为平原，也指广阔而平坦的陆地。它的主要特点是地势低平，起伏和缓，相对高度一般不超过 50 米，坡度在 5°以下。它以较低的高度区别于高原，以较小的起伏区别于丘陵。平原是陆地上最平坦的地域，海拔一般在 200 米以下。平原地貌宽广平坦。

世界平原总面积约占全球陆地总面积的 1/4。平原不但广大，而且土地肥沃，水网密布，交通发达，是经济文化发展较早较快的地方。我国的长江中下游平原就有"鱼米之乡"的美称。另外一些重要矿产资源，如煤，石油等也富集在平原地带。

平原的类型较多，按其成因一般可分为构造平原、侵蚀平原和堆积平原，但大多数都是河流冲击的结果，如长江中下游平原就是冲积平原。堆积平原是在地壳下降运动速度较小的过程中，沉积物补偿性堆积形成的平原。洪积平原、冲积平原、海积平原都属于堆积平原。侵蚀平原，也叫剥蚀平原，是在地壳长期稳定的条件下，风化物因重力、流水的作用而使地表逐渐被剥蚀，最后形成的石质平原。侵蚀平原一般略有起伏状，如我国江苏徐州一带的平原。构造平原是因地壳抬升或海面下降而形成的平原，如俄罗斯平原。

巴西高原

巴西高原是世界上面积最大的高原，位于南美洲亚马孙平原和拉普拉塔平原之间，面积达 500 万平方千米，相当于整个欧洲面积的一半。整个高原由东南向西北倾斜，由于长期受外力作用的侵蚀，古老的基岩显得较为平坦，但高原东南的滨海地岸却显得十分陡峻。高原的海拔高度在 600～900 米之间，矿产资源十分丰富，主要有铁、锰和其他有色金属。经过开垦，高原的东南、东北部已成为巴西最重要的农业区。这里种植的咖啡，不论是产量，还是出口量，都占世界第一位，使巴西成为"咖啡王国"。巴西高原的大部分地区属于热带草原区，生长有独特的纺锤树，因外形很像纺锤而得名。这种树最大直径可达数米，能在雨季时贮存水分供干季时使用。

巴西高原

青藏高原

青藏高原是中国最大的高原，在中国西南部，包括西藏自治区和青海省的全部、四川省西部、新疆维吾尔自治区南部，以及甘肃、云南的一部分。青藏高原的面积为 240 万平方千米，平均海拔 4000～5000 米，是世界上最高的高原，有"世界屋脊"之称。青藏高原周围大山环绕，

青藏高原

南有喜马拉雅山，北有昆仑山和祁连山，西为喀喇昆仑山，东为横断山脉。青藏高原内还有唐古拉山、冈底斯山、念青唐古拉山等。这些山脉海拔大多超过6000米，喜马拉雅山不少山峰超过8000米。青藏高原内部被山脉分隔成许多盆地、宽谷。青藏高原上湖泊众多，青海湖、纳木错湖等都是内陆咸水湖，盛产食盐、硼砂、芒硝等。青藏高原是亚洲许多大河的发源地，长江、黄河、澜沧江（下游为湄公河）、怒江（下游称萨尔温江）、森格藏布河（印度河）、雅鲁藏布江（下游称布拉马普得拉河）以及塔里木河等都发源于此，水力资源丰富。

东非高原

东非高原位于埃塞俄比亚高原以南，刚果盆地以东，赞比西河以北。东非高原的面积约100万平方千米，平均高度为海拔1200～1500米，北部为东非湖群高原，呈圆形；东、西为两支裂谷带，裂谷带中有湖群，并有被充填熔岩分割成的盆地；中间高原面平坦而辽阔；北段有非洲最大的淡

东非高原

水湖维多利亚湖。大裂谷东支地势高峻，两侧边坡陡峭，山地气势雄伟。裂谷升降所伴随的火山活动以及巨量熔岩的叠置使高原面抬升，并在大裂谷两侧形成较高的熔岩台地、大火山锥和断崖及阶地。裂谷西面为南北向陷落凹地，边缘分布有火山和断块高地，有许多高过雪线的山峰；南段有世界第二深湖——坦噶尼喀湖。东非高原的南部为马拉维高地，是东非大裂谷带的最南段；在平均高度不足2000米的高原、台地中间纵贯着大裂谷，谷底有马拉维湖和希雷河谷，两侧为南北向山脉；裂谷以东地势呈阶梯状下降，直至沿海平原，许多河流自西向东切过陡崖平行入海。

德干高原

位于印度半岛上的德干高原，地势西高东低，平均海拔 600 ~ 800 米。德干高原东西两侧为高度不大的东高止山和西高止山，两山之间的高原面久经

德干高原

侵蚀，支离破碎，多残丘、地垒和地沟。德干高原地质年代古老，是寒武纪古陆块，在第三纪喜马拉雅运动时，被抬升为一些断块台地、谷地和丘陵，经过长期的风化剥蚀作用，地势比较平坦，利于农耕。在高原地区，因古代有大规模的玄武岩喷发，经过风化形成肥沃的黑土，适宜种植棉，又称为黑棉土，是印度重要的棉花产区。在中南部地区，降水较少，是印度旱作——花生、玉米的产地。德干高原的东北部是印度的主要矿产区，矿产资源有铁矿、锰矿、煤、云母等。铁矿石大量出口日本等国家。

德干高原是印度半岛的主体。发源于高原上的各大河流，东流入孟加拉湾，把高原切割破碎，形成大小不一的东西走向的丘陵山地、河谷平原和盆地。高原西部被覆大面积的厚层玄武岩层，风化层保水性能良好，宜于植棉、粟等作物。

德干高原属典型的大陆性季风气候，雨量充沛。

东北平原

东北平原是中国最大的平原，与华北平原和长江中下游平原并成为中国三大平原。东北平原在中国东北部，由松嫩平原、辽河平原和三江平原组成。它位于大、小兴安岭和长白山之间，南北长约 1000 千米，东西宽约 300 ~ 400

千米，面积35万平方千米，大部分海拔在200米以下。

松嫩平原和辽河平原在地形上连成一片，原来水系相通，后来由于地壳运动，长春、长岭、通榆一带隆起，形成西北—东南走向的松辽分水岭，截断河流南北通道。但松辽分水岭地势低缓，海拔200～300米，高出两侧平原不过几十米。三江平原位于中国东北角，由黑龙江、松花江、乌苏里江三江流经得名；大部分海拔不足50米，地势低平，排水不畅，形成广大的沼泽地。

东北平原属温带湿润、半湿润气候，冬季气温低，封冻期长，但夏季气温高，南部辽河平原可二年

东北平原

三熟，其他为一年一熟。这里土壤肥沃，是著名的"黑土"分布区，腐殖质含量多，通气和蓄水性能好，是大豆、高粱、玉蜀黍、小麦、甜菜、亚麻的重要产区。这里也可以种植水稻，是中国早熟粳稻的重要产区之一。

恒河平原

恒河平原

恒河平原在南亚东部，由恒河及其支流冲积而成。恒河下游段与布拉马普特拉河汇合，组成下游平原与河口三角洲。恒河平原西起亚穆纳河，东抵梅格纳河，北为西瓦利克山麓与印、尼国界线，南迄德

干高原北缘，面积约51.6万平方千米，包括印度东北部和孟加拉国。恒河平原地面平坦，水网稠密，土壤肥沃，人口众多；盛产水稻、玉米、油菜籽、黄麻、甘蔗等。这里的降水量每年约900～1500毫米，自东而西减少，且变率大。德里、加尔各答、勒克瑙、瓦拉纳西、巴特那（印度）和达卡（孟加拉国）等大城市都在该平原上。

滨海平原

滨海平原是分布在沿海地区的平原，因靠近海岸，所以也叫海岸平原。

华北平原

这类平原所在的地区原来曾是海洋的一部分，后来因为受到地壳运动的影响而逐渐上升；或者是由于海平面的下降，致使这部分逐步露出海面。这类平原的地势十分低平，并且向海洋方向有微微的倾斜。中国华北平原的东部滨海部分就是属于这类平原。在这类平原的低洼易积水的地方，或者在地下水位较高的地区，往往有一定面积的盐土和碱化土分布，土壤中的盐碱含量较高，对农作物生长十分不利。

亚马孙平原

亚马孙平原是世界上面积最大的冲积平原，位于南美洲巴西高原和圭亚那高原之间，面积达560万平方千米，占南美洲总面积的1/3左右。它西起安第斯山麓，东达大西洋海岸，由世界上流量最大、流域面积最广的亚马孙河及其众多的支流共同冲积而成。平原的北部有赤道穿过，终年高温多雨，是世界上最大的热带雨林区。这里树木繁茂，树种极其丰富，木材资源约占全世界的 1/5。森林中动物种类很多，为了适应这里的河水泛滥，有些动物像树懒、树蛙等具有栖栖的特点。一般的冲积平原最宽广的部分是在河流下游，而亚马孙平原的最宽广部分却在河流中游，宽达 1300 多千米。这主要是因为亚马孙河

亚马孙平原

的中游有很多大支流的缘故。由于亚马孙平原气候湿热，经常有洪水泛滥，加上森林茂密，目前还没有很好地开发，人烟也十分稀少。

西西伯利亚平原

西西伯利亚平原位于俄罗斯西伯利亚西部的乌拉尔山和叶尼塞河之间。西西伯利亚平原的地壳运动很不活跃，底层基岩十分稳定坚硬，而且平原所处的纬度较高，气温很低，风化作用很弱，所以平原的表面十分平坦，成为世界上最平坦的平原。鄂毕河流经平原北部流入北冰洋，由于地表低洼平坦，河水流动速度十分缓慢，每逢春季河流上游解冻时，处在较高纬度的中、下游仍处在结冰状态，河水无法畅通，最后溢出河堤漫流开来，加上寒冷气候使蒸发十分微弱，时间一长，在平原上就形成大面积的沼泽了。

西西伯利亚平原

高原反应

高原反应，即高原病，指未经适应的人迅速进入 3000 米以上高原地区，由于大气压中氧分压降低，机体对低氧环境耐受性降低，难以适应而造成缺氧，由此引发一系列的高原不适应症。当然，除了高原缺氧的因素之外，还有恶劣天气如风、雨、雪、寒冷和强烈的紫外线照射等等，都可以加剧高原不适应并引发不同的高原适应不全症。

机体在适应一段时间后可以发生一系列的适应性变化，如通气量增加，以便使组织利用氧达到或接近正常水平；加快心脏速率、加大心脏泵血能力，以使每分钟心脏搏出血量增加，改善缺氧状况；增加红细胞和血红蛋白量以增加携氧能力来保证肌体的氧气供应等。但是，一部分人对空气中氧分压低比较敏感，适应能力较差，会出现一系列症状和机能代谢变化的高原适应不全症，也称为急性高原反应。国外将此分成急性高原反应、高原肺水肿、高原脑水肿、高原视网膜出血和慢性高山病，我国分成急、慢性高原病。对于个体来说，发病常常是混合性的难以分清，整个发病过程中，在某个阶段中以一种表现比较突出。

大部分人初到高原，都有或轻或重的高原反应，一般什么样的人会有高原反应没有规律可循，避免或减轻高原反应的最好方法是保持良好的心态面对它，许多的反应症状都是心理作用或有心理作用而引起的，比如：对高原有恐惧心理，缺乏思想准备和战胜高原决心的人，出现高原反应的机会就多。建议初到高原地区，不可疾速行走，更不能跑步或奔跑，也不能做体力劳动，不可暴饮暴食，以免加重消化器官负担，不要饮酒和吸烟，多食蔬菜和水果等富有维生素的食品，适量饮水，注意保暖，少洗澡以避免受凉感冒和耗体力。不要一开始就吸氧，尽量要自身适应它，否则，你可能在高原永远离不开吸氧了（依赖性非常强）。

山地与丘陵

　　山地是被许多山所盘踞的地区。山是陆地表面的突出部分，海拔一般在500米以上，坡度较陡；但孤立存在的山是很少的，大多数的山是成片连在一起的，连绵不断、重重叠叠，组成了山地。一般看来，山地是由地壳强烈运动使地表不断隆起上升而形成的。山地所占陆地的面积相当大。中国是个多山的国家，山地面积广大，约占全国总面积的1/3左右。中国的山地千姿百态、雄伟壮丽，有的悬崖峭壁，高高耸立，直插云霄；有的森林茂密，满目苍翠；有的冰雪覆盖，一片银色世界。山地除了有丰富的森林、矿产和水力资源外，还有迷人的自然风光，但是山地对交通和气候等也产生一些不利的影响。

　　山脉是沿着一定的方向绵延很长，呈脉络状的山地；而在形成原因上有联系，沿着一定的走向分布的，又总称为山系。纵贯南美洲西部的安第斯山脉是世界上最长的山脉，长达9000多千米，相当于4条喜马拉雅山脉的长度。而位于美洲西海岸的科迪勒拉山系则是世界上最长的山系。它起源北美洲西北的阿拉斯加，南到南美洲南端的火地岛，南北长达18000多千米，穿过了17个国家；如果在海洋中继续延伸的话，那就差不多把地球的南、北两极连了起来。它们都是地壳运动的产物，也是地球上地震和火山运动最频繁、最剧烈的地带之一。

　　丘陵是海拔高度较低、坡度较缓、连绵不断的小山丘，海拔一般在500米以下，山丘顶到山丘脚一般不超过200米。这些小山丘的顶部往往是圆形的，地形起伏不大。丘陵一般是由山地或高原经过长期的外力作用，被侵蚀、切割而形成的。中国约有100万平方千米的丘陵，它们主要分布在山东半岛、辽东半岛和东南沿海地区，从北到南有辽西丘陵、山东丘陵、淮阳丘陵和江南丘陵等，其中江南丘陵分布面积最广。

　　丘陵一般没有明显的脉络，顶部浑圆，是山地久经侵蚀的产物。习惯上把山地、丘陵和崎岖的高原称为山区。丘陵在陆地上的分布很广，一般是分布在山地或高原与平原的过渡地带；在欧亚大陆和南北美洲，都有大片的丘陵地带。

按不同岩性组成可分为：花岗岩丘陵、火山岩丘陵、各种沉积岩丘陵，如红土丘陵、黄土梁峁丘陵等；按成因又可以分为：构造丘陵、剥蚀—夷平丘陵、火山丘陵、风成沙丘丘陵、荒漠丘陵、岩溶丘陵及冻土丘陵等；按分布位置可分为：山间丘陵、山前丘陵、平原丘陵，在洋底的称为海洋丘陵等。

丘陵地区降水量较充沛，适合各种经济树木和果树的栽培生长，对发展多种经济十分有利。尤其是靠近山地与平原之间的丘陵地区，往往由于山前地下水与地表水由山地供给而水量丰富，自古就是人类依山傍水，防洪、农耕的重要栖息之地，也是果树林带丰产之地。因其风景别致，可辟为旅游胜地。

安第斯山脉

安第斯山脉是世界上最长的山脉，几乎是喜马拉雅山脉的 3.5 倍，属美洲科迪勒拉山系，是科迪勒拉山系主干。整个山脉的平均海拔 3660 米，有许多高峰终年积雪，海拔超过 6000 米，由一系列平行山脉和横断山体组成，间有高原和谷地。山峰海拔多在 3000 米以上，超过 6000 米的高峰有 50 多座，

安第斯山脉

其中汉科乌马山海拔 7010 米，为西半球的最高峰。地质上属年轻的褶皱山系。地形复杂。南段低狭单一，山体破碎，冰川发达，多冰川湖；中段高度最大，夹有宽广的山间高原和深谷，是印加人文化的发祥地；北段山脉条状分支，间有广谷和低地。多火山，地震频繁。安第斯山最高峰是位于阿根廷

内的阿空加瓜山，海拔 6962 米，是世界上最高的火山，也是最高的死火山。此外安第斯山脉中的哥多伯西峰是世界最高的活火山，海拔 5897 米。这里是南美洲重要河流的发源地，气候和植被类型复杂多样，有丰富的森林资源以及铜、锡、银、金、铂、理、锌、铋、钒、钨、硝石等重要矿藏。山中多垭口，有横贯大陆的铁路通过。

喜马拉雅山脉

亚洲雄伟的山脉喜马拉雅山脉包括世界上多座最高的山，有 110 多座山峰高达或超过海拔 7300 米，其中之一是世界最高峰珠穆朗玛峰，高达 8844.43 米。这些山的伟岸峰巅耸立在永久雪线之上。数千年来，喜马拉雅山脉对于南亚民族产生了人格化的深刻影响，其文学、政治、经济、神话和宗教都反映了这一点。冰川覆盖的浩茫高峰早就吸引了古代印度朝圣者们的瞩目，他们据梵语词

喜马拉雅山脉

hima（雪）和 alaya（域）为这一雄伟的山系创造了喜马拉雅山这一梵语名字。如今喜马拉雅山脉为全世界登山者们最向往的地方，同时也向他们提出最大的挑战。

科迪勒拉山系

科迪勒拉山系纵贯南北美洲大陆西部，北起阿拉斯加，南到火地岛，绵延约 1.5 万千米。科迪勒拉山系属中新生代褶皱带，构造复杂，由一系列褶

皱断层组成。它主要形成于中生代下半期和第三纪，褶皱断层构造复杂，地壳活动至今仍在继续，多火山地震，是环太平洋火山地震带的重要组成部分。山脉一般为南北或西北—东南走向，由一系列平行山脉、山间高原和盆地组成。

科迪勒拉山系

北美科迪勒拉山系宽度较大，海拔较低，约 800 ~ 1600 千米，海拔 1500 ~ 3000 米。地形结构包括东西两列山带和宽广的山间高原盆地带。自墨西哥向南，山系变窄，分为两支：一支向南经中美地峡伸入南美大陆，大部分为火山林立、地形崎岖的山地；另一支向东经大、小安的列斯群岛伸入南美大陆，各岛多为山地盘踞。南美科迪勒拉山系以安第斯山脉为主体，宽度较窄（300 ~ 800 千米），但海拔很高，多在3000 米以上。尤其是介于南纬 4° ~ 28° 的中段，山势雄伟，平均海拔在 4500米以上，许多高峰达五六千米。西半球和南美最高峰汉科乌马山海拔 7010米，为西半球第一高峰。

山系自然环境复杂，分布有自寒带到热带多种气候—生物带，有世界上最完整的垂直带谱。高山有现代冰川，是河流的重要发源地。高大的山系构成南北美大陆重要的气候分界线。山区森林茂密，富藏铜、铝、锌、银、金、锡、石油、煤、硫黄及硝石等多种矿产。科迪勒拉山系构造复杂，由一系列褶皱断层造成，并伴有地震火山现象。高山冰川普遍。北美西北沿海、南美赤道附近以及智利南部西海岸一带，森林茂密，水力丰富。科迪勒拉山系自然环境复杂多样，容多种气候类型和自然带于一山体，并有若干种垂直带景观。高大山系的崛起和屏障作用，对南美洲大陆气候、水文网分布、地理环境地域分异、人文景观和交通线布局等带来巨大影响。墨西哥、中美地区和安第斯山中部是印第安人古文明的发祥地。

乞力马扎罗山

乞力马扎罗山是非洲的最高峰，位于非洲东非高原的东部，海拔 5895 米，是一座死火山。这座山距赤道不远，奇怪的是山顶却戴着一顶永远摘不掉的冰雪帽子。这是因为气温随着高度的升高而降低，高度每升高 1000 米，气温就下降 6℃，难怪山顶的白帽子高悬在蓝色的天空中，在骄阳下闪闪发光。当黄昏时山

乞力马扎罗山

顶云雾散开，布满冰雪的山顶在夕阳照耀下五彩缤纷，成为闻名世界的赤道奇观。有意思的是，早在公元前 2 世纪，埃及的地理学家就在地图上标出了这座山，但 17 世纪在欧洲人绘制的地图上却没有这座山，原来他们不相信在赤道附近会有雪山。直到 19 世纪，随着欧洲各探险家、传教士和殖民者的到来，才证实了这座山的存在。非洲人又称这座山为"乌呼鲁"，斯瓦希里语的意思是"自由和独立"，这充分反映了非洲人民反对殖民统治、追求民族解放的心声。

厄尔布鲁士山

厄尔布鲁士山

厄尔布鲁士峰位于俄罗斯的高加索，简称"厄峰"，海拔 5642 米，是欧洲最高峰。它的地理坐标为北纬 43°21′，东经 42°26′。"厄峰"地处欧亚两洲的交界处，这里的山虽然都不算很高，但雪线的平均高度在海拔 3000 米左右，因

此有着欧洲其他地区所少见的（西部欧洲的阿尔卑斯山除外）冰峰和雪岭。

麦金利峰

麦金利峰是北美第一高山，原名迪那利山，是最早征服北美大陆的原住民爱斯基摩人或是印第安人沿用久远的名字。1800 年此山又以美国第 25 任总

麦金利峰

统威廉·麦金利命名，但当地民间从不接纳此命名，一直沿用迪那利之称。多年来阿拉斯加州有意恢复原名，此案在美国国会几经周折，于 2001 年 9 月再度提出，以"兹事体大，容再计议"为由又被搁置。然而，迪那利就像北极光，在一代代爱斯基摩和印第安人的心中闪亮。

阿空加瓜峰

阿空加瓜峰海拔 6964 米，位于南纬 32°39′，西经 70°01′，属于科迪勒拉山系的安第斯山脉南段，在阿根廷与智利交界的门多萨省的西北端。

阿空加瓜峰还是地球上海拔最高的死火山。公元 1897 年，人类首次登上阿空加瓜峰，考察证实它由火山岩构成，山形呈圆锥形，山顶有凹下的火山口，是座典型的火山。经查阅有关该地区火山喷发的资料，没有发现它在有人后还重新爆发过，因而它便成为世界上公认的最高的死火山。

阿空加瓜峰

江南丘陵

江南丘陵是中国长江以南、南岭以北、武夷山以西、雪峰山以东丘陵地的总称。江南丘陵是我国最大的丘陵，包括江西、湖南两省大部分和安徽南部、江苏西南部、浙江西部边境。这里低山、丘陵、盆地交错分布，以湘江、赣江流域为中心。盆地中的白垩系和下第三系红色地层广泛出露，

江南丘陵

形成"红色盆地"。这些红色地层被河流切割成丘陵，则称为"江南红色丘陵"，海拔 200～600 米左右。盆地丘陵周围为海拔 1000～1500 米的低山，江西东部有怀玉山、雩山；江西、湖南之间有幕阜山、九岭山、武功山；湖南西部有武陵山、雪峰山。盆地中农业丰盛，产水稻、麦类、油菜等。低山、丘陵生长亚热带林木，马尾松林、杉木林和毛竹林广布。江南丘陵地区也是柑橘、油茶、茶叶的主要产区。

东南丘陵

东南丘陵是北至长江，南至两广，东至大海，西至云贵高原的大片低山和丘陵的总称。它包括安徽省、江苏省、江西省、浙江省、湖南省、福建省，广东省、广西壮族自治区的部分或全部。海拔多在 200～600 米之间，其中主要的

东南丘陵

山峰超过 1500 米。丘陵多呈东北—西南走向，丘陵与低山之间多数有河谷盆地，适宜发展农业。

云贵高原以东、长江以南的东南地区，丘陵地貌分布最广泛、最集中，统称"东南丘陵"。其中，位于长江以南，南岭以北的称为江南丘陵；南岭以南，两广境内的称为两广丘陵；武夷山以东、浙闽两省境内的称为浙闽丘陵。东南丘陵地处亚热带，降水充沛，热量丰富，是我国林、农、矿产资源开发、利用潜力很大的山区。

珠穆朗玛峰

珠穆朗玛峰是喜玛拉雅山脉的主峰，海拔 8848.43 米，是地球上第一高峰，位于东经 86.9°，北纬 27.9°。它地处中尼边界东段，北坡在中华人民共和国西藏自治区的定日县境内，南坡在尼泊尔王国境内。它的藏语名称是 Chomolungma，意为"神女第三"；尼泊尔语名称是 Sagarmatha，意为"天空之神"；西方国家称它为 Everest。

珠穆朗玛峰

珠峰不仅巍峨宏大，而且气势磅礴。在它周围 20 千米的范围内，群峰林立，山峦叠嶂，仅海拔 7000 米以上的高峰就有 40 多座；较著名的有南面 3000 米处的"洛子峰"（海拔 8516 米，世界第四高峰）和海拔 7589 米的卓穷峰，东南面是马卡鲁峰（海拔 8463 米，世界第五高峰），北面 3000 米是海拔 7543 米的章子峰，西面是努子峰（7855 米）和普莫里峰（7145 米）。在这些巨峰的外围，还有一些世界一流的高峰遥遥相望：东南方向有世界第三高峰干城嘉峰（海拔 8585 米，尼泊尔和锡金的界峰）；西面有海拔 7998 米的格重康峰、8201 米的卓奥友峰和 8046 米的希夏邦马峰，形成了群峰来朝、峰头汹涌的波澜壮阔的场面。

盆地与沙漠

　　盆地是中间低平四周高起，呈盆状的地形。它的大小不一，大的可达数百万平方千米，小的还不到 1 平方千米，一般四周都由山地或高原围绕，中间是平原或丘陵。不同的盆地形成的原因也不一样，其中有一类是由于地壳运动形成的构造盆地，当岩层受到挤压会发生弯曲和断裂，下弯或者断裂下沉的部分就成了盆地的中心，而翘起或者断裂上升的部分就成了盆地的四周；另一类则是由于受到外力作用而形成的侵蚀盆地，有的是由于河水侵蚀和搬运而形成了河谷盆地，有的是由于风的侵蚀和搬运而形成了风蚀盆地，也有的是由于地下水对岩石的溶解，或者溶蚀了地下岩石引起地表崩塌而形成了喀斯特盆地。盆地的分布很广。中国的盆地面积约占全国面积的1/5。

　　沙漠是主要由沙砾组成地面物质的大片荒地。干旱地区常常可以见到这种风积地貌。沙漠分布在世界各地。中国的沙漠主要分布在新疆、内蒙古、甘肃、青海等省区。那里分布着各种各样的沙丘，由于大风频繁，在风力作用下沙子便会流动，沙依风力，风助沙势，在流动的过程中，常常毁灭农田、吞没牧场、掩埋房屋、阻断交道，给人类带来严重的灾难。由于人类活动中，大面积的森林被砍伐、大片的草原被破坏，使得沙漠更容易移动，据估计每年有 7 万平方千米的土地有变成沙漠的危险，如果人类继续不注意生态保护，那么在21世纪初，全球会丧失1/3的耕地，这会威胁到全世界2/3的国家。

刚果盆地

　　刚果盆地是世界上面积最大的盆地，位于非洲大陆的中部，面积近 340

刚果盆地

万平方千米。盆地底部较为平坦，有刚果河（扎伊尔河）流过，占据了刚果河流域的大部分。这里原来是一个内陆湖，后来由于地壳上升，河流下切而流入大西洋，使湖水不断外泄，最后形成了刚果盆地。这里属于高温多雨的热带雨林气候区，森林茂密，动物种类繁多。在盆地边缘的高原、山地区，由于地壳比较活跃，因此矿产资源十分丰富；铜、金刚石等矿产分布较多。

大自流盆地

大自流盆地又叫"澳大利亚盆地"，是世界上面积最大的自流盆地。它位于澳大利亚中部，面积约173万平方千米。如果沿东西方向把这个盆地切开，我们可以看到这是一个向斜构造盆地，中间有一层含水砂层，在东部高的地方出露，降水就从出露的地方顺着向西倾斜的砂层，在盆地的中部汇集起来，好像是一只袋口张开、袋身埋在地下的大水袋，人们在这里凿井，地下水就会从井里自动流出地面，这种井就叫做自流井，能够凿出自流井的盆地就称作"自流盆地"。

大自流盆地

这里气候干旱，使得地下水的含盐量较高。尽管这种水不适宜用来灌溉农田，但是可供牲畜饮用，对发展畜牧业十分有利。

塔里木盆地

位于新疆省南部的塔里木盆地，是我国最大的盆地。"塔里木盆地"为维吾尔语的汉译名，意为"无缰之马"的大盆地。盆地西起帕米尔高原，东至甘肃、新疆边境，东西长约 1600 千米左右，南北最宽处约为 600 千米左右，面积约为 53 万多平方千米，平均海拔约 1000 米，约占新疆总面积的 1/2。塔里木盆地较四川盆地大 2.6 倍，较北疆准噶尔盆地大 1.4 倍，较吐鲁番盆地大 10 多倍，是我国最大的内陆盆地。

塔里木盆地深居欧亚大陆腹地，四周高山海拔均在 4000～6000 米，距海遥远，气候干旱少雨，昼夜温差和季节变化很大，是典型的大陆性荒漠气候。这里冬季寒冷，夏季炎热，1 月份平均温度在零下 10℃，7 月份平均温度为 25℃，同一地方冬夏温差可达 50℃～60℃，昼夜温差达 15℃～20℃。每当春夏和秋冬之交，早晚寒

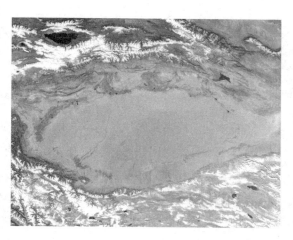

塔里木盆地卫星图

冷，常常要穿棉衣；而中午气温却很高，穿着单衣还热，所以人们用"早穿皮袄午穿纱，怀抱火炉吃西瓜"来形容这里的气候特点。盆地的降雨量除西部相对地稍多以外，大部分地区年降雨量都在 50 毫米以下，东部地区只有 10 毫米左右，有的地方甚至终年滴雨不降。

从塔里木盆地边缘到中心，依次出现戈壁滩、冲积扇平原和沙丘地区，整个盆地呈环状结构。河流从周围高山下注所造成的冲积平原，一般都是绿洲。大的绿洲有喀什、莎东、和田、阿克苏和库车等。绿洲内农业发达，水渠纵横，田连阡陌，绿树成荫，盛产小麦、玉米、水稻、棉花和瓜果。这里

塔克拉玛干大沙漠

是我国粮食、长绒棉和蚕丝的重要产区。盆地中部是我国最大的塔克拉玛干大沙漠，面积约 33.4 万平方千米，也是世界上著名的大沙漠。由于沙漠面积大，又极端缺水，在以前很少有人能进入沙漠的中心地区，故将这个大沙漠命名为"塔克拉玛干"，维吾尔语意思是"进去出不来"。盆地东部有著名的游移湖泊——罗布泊，此外还有许多条内陆河。水源不是靠天雨，主要靠高山融化的雪水来补给。

塔里木盆地内主要居住的是维吾尔族人。在以前由于交通不便等多种原因，这里处于自然封闭状态，很少有人前来。解放后，随着社会的进步，科学的发展，人民相互间的交往逐渐频繁，来的人日渐增多，特别是人民政府多次派科学考察队到此考查自然情况和资源，已发现这里不仅矿产资源丰富，有多种有色金属与石油，还有大量的盐矿等。随着我国建设的发展，这些宝贵的资源都将得到合理开发和利用。

沙　丘

沙丘是沙漠地区常见的一种山丘状隆起的地貌，主要分布在沙漠和半沙漠地区，但有时在河岸、湖滨等局部地区也可以见到。这些地区由于风力较太，狂风将沙粒扬起，往往在遇到障碍时，风速变小，风所挟带的沙粒等就纷纷降落下来，在风的不断吹运下，逐渐堆积而形成沙丘。有的沙丘形状和位置都是固定的，而有的沙丘却会随风流动。流动沙丘大多是新月形沙丘，就是从上往下看，像躺在沙漠上的弯弯的月亮。虽然流动沙丘规模比较小，但它的危害最大，能够掩没耕地、道路和房屋等。中国新疆罗布泊西边的楼兰古城，原来是丝绸之路上一个繁华的城市，后来就是被流动沙丘掩没掉的，被人称为"沙漠中的庞贝"。沙丘有大有小，小的不过高几米，大的却可高达几百米。非洲的撒哈拉沙漠中，有一座长5千米、高达430米的沙丘。中国内蒙古巴丹吉林沙漠中也有一座高500米的沙丘，像是一座雄伟的沙山，算得上是沙丘之王了。

沙　丘

撒哈拉沙漠

撒哈拉沙漠是世界上面积最大的沙漠。它位于非洲北部，西起大西洋海岸，东抵红海之滨，面积达777万平方千米，约占非洲总面积的1/3左右，比澳大利亚的面积还要大出许多。这里气候极为干燥，大部分地区年降水量不到50毫米，气温变化很大，经常有强风和沙暴出现。地面主要被沙砾、流沙或沙粒所覆盖，植物很少，但是，在撒哈拉沙漠之下，却有着丰富的地下水；据估计，储水量达30万立方千米，相当于非洲尼罗河河水12年的入海总水量，简直是一个地下"大海"。说来也难以令人置信，这里约在5000多年前还是一个水草丰盛、牛羊成群的大草原。今天丰富的地下水就是在那时的湿润时期逐渐下渗聚集而成的。在沙漠下面还有着丰富的石油资源，储量多达几十亿吨之多，这里的利比亚、阿尔及利亚等都是重要的产油

撒哈拉沙漠

国家。

彩色沙漠

彩色沙漠是位于美国西部科罗拉多大峡谷以东的一个沙漠。它有千变万化的色彩，令人惊叹不已，是世界罕见的自然景观。这里气候十分干燥，气温的昼夜变化很大。这种环境使裸露地表的各种岩石受到的风化作用十分强烈。由于降水稀少，岩石没有遭到化学作用的破坏，从而保留了岩石原有的色彩。在阳光的照射下，岩石色彩缤纷，呈现出粉红、紫红、黄、蓝、白、紫等绚丽多彩的色调；有时还会凝聚成各种颜色的烟雾，弥漫在沙漠上空，并随着阳光投射的不同角度而不断变换色彩，这种罕见的景观令人叫绝。尽管这里环境艰苦，气候恶劣，但是这奇幻莫测的情景还是引起了广大旅游者的极大兴趣，以一饱这罕见的自然奇观为快。

塔克拉玛干沙漠

塔克拉玛干沙漠位于南新疆塔里木盆地，整个沙漠东西长约 1000 余千米，南北宽约 400 多千米，总面积 337600 平方千米，是中国境内最大的沙漠，也是世界第十大沙漠和全世界第二大流动沙漠，流沙面积世界第一。沙漠在西部和南部海拔高达 1200～1500 米，在东部和北部则为 800～1000 米。

塔克拉玛干沙漠

在世界各大沙漠中，塔克拉玛干沙漠是最神秘、最具有诱惑力的一个。沙漠中心是典型大陆性气候，风沙强烈，温度变化大，全年降水少。塔克拉玛干沙漠流动沙丘的面积很大，沙丘高度一般在 100～200 米，最高达 300 米左右。沙丘类型复杂多样，复合型沙山和沙垄宛若憩息在大地上的条条巨龙；塔形沙丘群、呈各种蜂窝状、羽毛状、鱼鳞状的沙丘，变幻莫测。沙漠有两座红白分明的高大沙丘，名为"圣墓山"，它是分别由红砂岩和白石膏组成，沉积岩露出地面后形成的。"圣墓山"上的风蚀蘑菇，奇特壮观，高约5米，巨大的盖下可容纳10余人。白天，塔克拉玛干赤日炎炎，银沙刺眼，沙面温度有时高达70～80度，旺盛的蒸发，使地表景物飘忽不定，沙漠旅人常常会看到远方出现朦朦胧胧的"海市蜃楼"。沙漠四周，沿叶尔羌河、塔里木河、和田河和车尔臣河两岸，生长着密集的胡杨林和柽柳灌木，形成"沙海绿岛"。特别是纵贯沙漠的和阗河两岸，生长芦苇、胡杨等多种沙生植物，构成沙漠中的"绿色走廊"。"走廊"内流水潺潺，绿洲相连。林带中住着野兔、小鸟等动物，亦为"死亡之海"增添了一点生机。考察还发现沙层下有丰富的地下水资源和石油等矿藏资源，且利于开发。

海洋与海峡

　　海洋是地球表面2/3被海水覆盖的部分。一般开阔海洋中心部分叫"洋"，靠近陆地的边缘部分叫"海"。海的面积只占海洋总面积的11%。全球的洋与海彼此沟通构成统一的世界海洋，可分为太平洋、大西洋、印度洋和北冰洋四大洋。一望无际的海洋，有时风平浪静、微波荡漾，有时

海　洋

惊涛骇浪、汹涌澎湃。长期以来，人们经历了许多艰难险阻，一直在探索它的奥秘。海洋是个大宝库，海上可以航船，是联结各大洲的重要运输线；海

水中含有许多有用的元素和化合物，可供人们使用；生活在海水中的鱼类，大多可做成美味佳肴；海底有丰富的矿产资源，可供人们开采；就连波浪、潮汐和海流也可为人们提供用之不竭的能源，用于发电等。

海峡是在两陆地之间或陆地与岛屿之间连接两个海洋的一些狭窄水道。如中国的渤海与黄海之间有渤海海峡，东海与南海间有台湾海峡，台湾与菲律宾间有巴士海峡。全世界海洋中有上千个宽窄不同、长短不一的海峡。位于非洲大陆与马达加斯加岛之间的莫桑比克海峡是世界上最长的海峡，全长1670千米，平均宽度为450千米。海峡是海上交通的重要通道，在经济和军事上具有重要地位，通过海峡可以从一个海区到另一个海区。世界上可通航的海峡大约有130多个，其中位于欧洲大陆和大不列颠岛之间的多佛尔海峡和英吉利海峡是世界上最繁忙的海峡，每年通过的船舶多达12万艘次。20世纪60年代以来，随着极地考察、深海石油的开发，有些过去较不为人知的海峡也开始活跃起来。

太平洋

太平洋是世界上最大的洋。不少科学家认为地球形成时有一个原始的凹地，后来地球上有了海水，并且逐渐聚集到里面就成了太平洋。它在亚洲，南、北美洲，大洋洲和南极洲之间，南北长15800千米，东西宽19500千米，面积约1.8亿平方千米，几乎是全世界海洋面积的一半。它还是世界上最深的大洋，平均水深为4028米，西部的马里亚纳海沟深达11034米，是世界上最深的地方。它有1万多个大小岛屿，除了许多在地质构造方面和大陆有关的大陆岛之外，更多的是由海底火山喷出物质堆积而成的火山岛和由珊瑚遗体构成的珊

太平洋风景

瑚岛。

葡萄牙航海家麦哲伦奉西班牙国王之命，率领舰队进行环球探险。在通过狂风怒吼、惊涛骇浪的大西洋之后，舰队沿着南美洲的东岸，提心吊胆地穿过南美洲南端和火地岛之间的海峡，进入了另一个大洋，并且继续西行了3个月零20天，碰巧这段时间内连一次小风暴都没有遇到，于是麦哲伦就叫这个大洋为"帕斯菲克"——意思是风平浪静、太太平平的大洋，就这样，太平洋的名称一直用到现在。而实际上，有时太平洋的浪涛也是十分惊险的。

大西洋

大西洋是世界上第二大洋，面积9000多万平方千米，仅次于太平洋。大西洋位于欧洲、非洲和南、北美洲之间，欧洲人用希腊神话中擎天巨神的名字阿特拉斯来称呼它。大西洋为南北长条形，有些像英文字母"S"形。科学家们认为，在远古时代，欧洲、非洲和南、北美洲是连成一片的大陆，地球

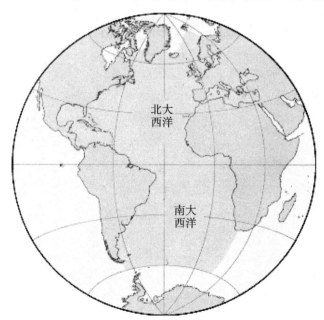

地图上的大西洋

表面并没有大西洋。大约在 2 亿年前，地壳运动使这片大陆裂开了，一侧为欧洲和非洲，另一侧为南、北美洲；此后，地裂缝不断扩大，使南、北美洲与欧洲和非洲不断分离开来，它们之间形成一些海和湖，这些海与湖逐渐连通，水深也不断加大，海水从各个方向进入，慢慢地便形成了今日的大西洋。

印度洋

印度洋是世界上第三大洋，面积为 7500 万平方千米，位于亚洲、非洲、澳大利亚和南极洲之间。印度洋平均水深只有 400 米，是四大洋中最浅的海洋；从北到南，由浅变深，好像一个巨大的斜坡。在印度洋中，虽同属一洋之水，但各处的盐度有高有低：印度半岛东部的孟加拉湾中，因为有巨大的恒河、伊洛瓦底江、萨尔温江等大河流的淡水流入，湾内海水的盐度只有 30‰ ~ 34‰；而印度半岛西部的阿拉伯湾，虽然有印度河的淡水流入，但是海面蒸发量大，海水盐度则高达 36.5‰，与它相通的红海盐度高达 42‰，是世界上盐度最高的海域。在澳大利亚西部洋域有一个椭圆形的高盐区，盐度高达 36‰，从这里向南，海水盐度逐渐降低。这种盐度的变化使各区的海水中生物和海水的其他物理性质也有很大的差别。

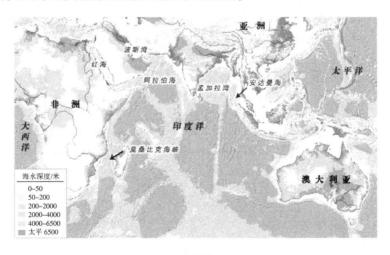

印度洋

北冰洋

北冰洋是世界四大洋中最小的洋，面积1478.8万平方千米，只有太平洋的1/12；平均水深1097米，仅有太平洋的1/3，最大水深5499米。北冰洋是以北极为中心的海洋，这里冬季为极夜期，整个冬季为黑夜，长达179天，平均气温为 –20℃ ～ –40℃，最低达 –53℃；夏季为极昼期，全是白天的时候长达186天，7～8月份最暖，气温为8℃以下。北冰洋平均冰厚3米，像一个冰盖，盖住了整个北冰洋的2/3。这里的冰已存在3300万年，科学家对它一层层进行分析研究，可了解3300万年来气候变化的详细情况。北冰洋冰的边缘，由于气候较暖，常形成一些冰山，离开大冰盖，漂向大西洋，常给那里的航船带来危险。北冰洋虽然寒冷，它边缘的巴伦支海和挪威海是世界最大的渔场，盛产北极鲑鱼和鳕鱼等。冰上有北极熊、北极狐、海豹、海象和企鹅等珍奇生物，边缘海海底还发现有丰富的天然气和石油。

地图上的北冰洋

珊瑚海

位于太平洋西南部的珊瑚海，面积479.1万平方千米，几乎等于北冰洋面积的2/5，是世界上最大的海。珊瑚海的海底地形大致由西向东倾斜，平均水深2394米，最深处达9140米，又是世界上最深的海。

美丽的珊瑚海

珊瑚海是典型的热带海洋，全年水温在20℃以上，最热月水温达28℃。海区终年受赤道暖流及东澳大利亚暖流的影响，有利于珊瑚虫大量繁殖。这儿的海岛，几乎全属珊瑚岛。在近澳大利亚大陆处有世界最大的珊瑚礁——大堡礁。

珊瑚海中还生活着成群的鲨鱼，因此有的人又称它为"鲨鱼海"。

马尔马拉海

马尔马拉海位于亚洲小亚细亚半岛和欧洲的巴尔干半岛之间的内海，面积仅1.1万平方千米，为珊瑚海面积的1/453；平均深度183米，最深处1355米，是世界上最小的海。

此海虽然"小巧玲珑"，但它与博斯普鲁斯海峡、达达尼尔海峡共同组成了土耳其海峡，成为黑海进入地中海的唯一一条海上通道，地理位置十分重要。

马尔马拉海是亚欧大陆之间断裂下陷而形成的内海，所以海岸陡峭。海中有一些大陆岛，岛上盛产

马尔马拉海

大理石。"马尔马拉"就是希腊语"大理石"的意思。其中，海中最大的岛也是用"马尔马拉"来命名的，即马尔马拉岛。可见，这里是一个大理石的世界。

亚速海

亚速海位于俄罗斯和乌克兰之间，南部通过刻赤海峡通往黑海，面积3.8万多平方千米，平均深度8米，最深处也只有14米，是世界上最浅的海。

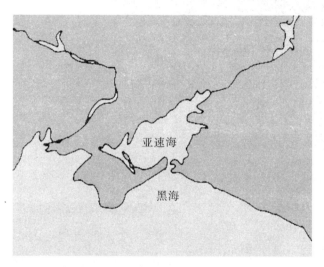

地图上的亚速海

亚还海海岸多泻湖、沙嘴，海水含盐量比黑海低得多，所以产鱼量大大超过黑海，成为当地重要的产鱼区，所产鱼类主要有：棱鲱、棱鲈、鲲、鳊等。

波罗的海

位于欧洲大陆与斯堪的纳维亚半岛之间的波罗的海，是世界上最淡的海。它的面积38.6万平方千米，平均深度86米，平均含盐度7‰~8‰，各个海湾的含盐度只有2‰，河口附近几乎全是淡水。致使波罗的海含盐量最低的原

波罗的海风光

因是，它所处的纬度较高，气候凉湿，蒸发微弱，周围又有大小250条河流，每年有472立方千米的淡水注入，加之四面几乎被陆地所环抱的内海形势，使盐度较大的大西洋水体也很难改变波罗的海的海水特性。因此，波罗的海就成为最淡的海。波罗的海的海岸线十分曲折，多优良港湾，俄罗斯的圣彼得堡、瑞典的首都斯德哥尔摩、芬兰首都赫尔辛基等，都是波罗的海沿岸的主要港口及名城。

红　海

位于亚洲阿拉伯半岛和非洲大陆之间的红海，是世界上含盐量最高的海。红海的含盐量高达41‰～42‰，深海个别地方甚至在270‰以上，这几乎达到饱和溶液的浓度，就是人躺在上面，也不会沉下去。

红海含盐量如此之高的原因是，北回归经线横穿此地，使这里常年受副热带高气压带的控制，气候炎热干燥，蒸发量大大超过降水量，加之红海两岸没有大河注入，得不到淡水补充，海域呈封闭状态，因此，红海

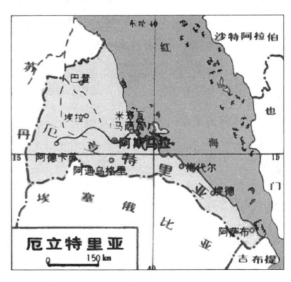

地图上的红海

的水就比其他地方的海水咸度大多了。

红海从西北到东南，纵贯在阿拉伯半岛和非洲大陆之间，是一条活跃的商业通道。1869 年苏伊士运河通航后，红海更成了印度洋与地中海、大西洋之间的交通要道，地理位置十分重要。

地中海

位于亚、非、欧三大洲之间的地中海，是世界上最大的陆间海。它东西长约 4000 千米，南北宽约 1800 千米，总面积 250.5 万平方千米，相当于欧洲面积的 1/4，是世界第六大海。它被半岛和岛屿分成利古里亚海、第勒尼安海、亚得里亚海、爱奥尼亚海、爱琴海等 7 个"子"海。

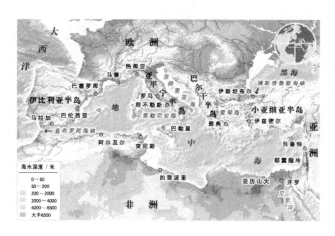

地图上的地中海

地中海的地理位置十分重要，西以直布罗陀海峡通大西洋，东北以土耳其海峡连接黑海，东南经苏伊士运河同红海相通，是沟通大西洋和印度洋的要道。

地中海地区是"地中海式气候"的典型区，冬季温和多雨，夏季炎热干燥，沿岸盛产葡萄、柑桔、无花果、油橄榄、椰枣等水果。

地中海的水产以金枪鱼、沙丁鱼、竹荚鱼、龙虾、贝类等为主。近年来，由于海水受到严重污染，许多鱼种已岌岌可危。

莫桑比克海峡

莫桑比克海峡全长 1670 千米，呈东北斜向西南走向。它是西印度洋的一条水道，东为马达加斯加岛，西为莫桑比克。海峡两端宽中间窄，平均宽度为 450 千米，北端最宽处达到 960 千米，中部最窄处为 386 千米。峡内大部分水深在 2000 米以上，在北端与南端超过 3000 米，中部约 2400 米，最大深度超过 3500 米，深度仅次于德雷克海峡和巴士海峡。

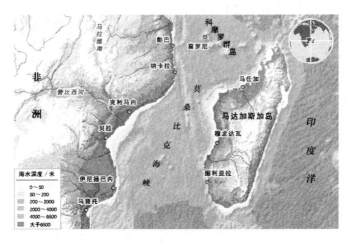

狭长的莫桑比克海峡

峡内海水表面年平均温度在 20℃ 以上，炎热多雨，夏季时有因气流交汇而产生的飓风。由于水深峡阔，巨型轮船可终年通航。海峡盛产龙虾、对虾和海参，并以其肉质鲜嫩肥美而享誉世界市场。这里因莫桑比克暖流南下，气候湿热；多珊瑚礁；赞比西河从西岸注入。这里是南大西洋同印度洋间的航运要道，两岸有贝拉、马普托、马任加等港口。

海峡两岸地形复杂。马达加斯加岛的西北岸为基岩海岸，蜿蜒曲折，穿插着珊瑚礁和火山岛。莫桑比克北部海岸，为犬齿形侵蚀海岸。由此往南，海峡两岸都为沙质冲积海岸，发育着沙洲和河口三角洲；唯独赞比西河口两侧，为红树林海岸。

德雷克海峡

位于南美洲南端和南极洲的南设得兰群岛之间的德雷克海峡，连接着太平洋和大西洋。它东西长约300千米，南北宽达970千米，是世界上最宽的海峡。

德雷克海峡的最大深度可达到5248米，如果把3座泰山叠放到此处，也不会露出山头。德雷克海峡又是世界上最深的海峡。

德雷克海峡是世界各地通往南极地区的要道，但由于海峡中常常漂浮着来自南极大陆的冰山，给海上航行造成了很多困难。

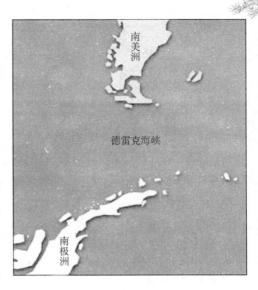

德雷克海峡

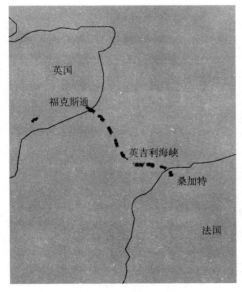

英吉利海峡

英吉利海峡

英吉利海峡是大西洋的狭长海湾，分隔英格兰南部海岸和法国北部海岸。法语名意为"袖子"，指其形状自西向东渐窄，最宽处约180千米，最狭处34千米。英吉利海峡东端有多佛海峡接北海。面积约75000平方千米，在欧洲大陆棚的浅海中最小，平均深度由120米向东递减至45米。对历史上由欧洲入侵英国的人来说，英吉利海峡是通道也是障碍，这使之成为早期详尽的水道测量中的重要地区，其海底是全世界探勘最频繁的海床。近岸边的海底陡降十分厉害，西部通常平坦，东部起伏。约4000万年前形成的英吉利海峡在科学研究上有其显著特色，尤其是关于强大潮汐的影响。

马六甲海峡

马六甲海峡是连接安达曼海（印度洋）和南海（太平洋）的水道，西岸是印度尼西亚的苏门答腊岛，东岸是西马来西亚和泰国南部，面积为65000平方千米。马六甲海峡因在马来西亚海岸上的贸易港口马六甲而得名，该城在16和17世纪时是重要的港埠。

马六甲海峡呈东南—西北走向。海峡全长约1080千米，西北部最宽达370千米，东南部最窄处只有37千米，水深25～150米，是连接沟通太平洋与印度洋的国际水道，也是亚洲与大洋洲的十字路口。

马六甲海峡现由新加坡、马来西亚和印度尼西亚3国共管。海峡处于赤道无风带，全年风平浪静的日子很多。海峡底质平坦，多为泥沙质，水流平缓。

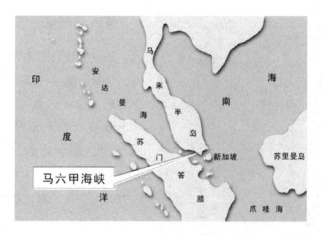

马六甲海峡

马六甲海峡东端有世界大港新加坡，海运繁忙。每年约有10万艘船只（大多数为油轮）通过海峡。日本从中东购买的石油，绝大部分都是通过这里运往国内的。

南　海

从地理学意义上说，南海是亚洲三大边缘海之一。北接中国广东、广西，属中国海南省管辖。南部曾母暗沙为中国领海的最南端。东面和南面分别隔菲律宾群岛和大巽他群岛与太平洋、印度洋为邻，西临中南半岛和马来半岛，为面积3500000平方千米的深海盆。平均深度1212米，最深处达5559米。

南海地处热带，海中分布着许许多多的珊瑚礁和珊瑚岛，它们像一颗颗璀璨的明珠镶嵌在湛蓝的海面上。这些岛礁总称南海诸岛，分为东沙群岛、西沙群岛、中沙群岛、曾母暗沙、南沙群岛和黄岩岛。20世纪中期以前，中国一直声称拥有南海的主权，而且没有引起过其他国家的争议。自从大量勘探海底石油天然气资源以后，围绕南海海域及岛屿的主权争议，一直被视为亚洲最具潜在危险性的冲突点之一，环绕南海有中华人民共和国、文莱、马来西亚、菲律宾和越南等政治实体宣称对南海诸岛或其中一部分拥有主权。

目前在南海五十多个可以住人的小岛或浅礁中，有一半多被越南占据，中国大陆仅保有8个，最大的太平岛被台湾当局控制，剩下的一小部分则被菲律宾、马来西亚、印度尼西亚、文莱等国占据。南海局势不明，对中国今后海洋生存空间埋下了不安定因素。

河流与峡谷

河流是沿着地表狭长凹陷的沟道流动的天然水流。河流有大有小，一般大的叫做江、河、川，小的叫做溪、涧。大多数河流都发源于高原和山区，河水主要来自雨水、冰雪融水和地下水。河水能够直接或间接流入海洋的是外流河；不能流入海洋的是内流河。在改变地表面貌的过程中，河流起了很

蜿蜒的河流

大的作用。一般可把河流分为上游、中游和下游三段，上游的水流速度较快，常常侵蚀地表，使那里出现狭窄陡坡，侵蚀下来的物质随水流动，被往下搬运；中、下游的水流速度缓慢，河道比较宽广，搬运下来的物质往往会沉淀下来，堆积成平原、岛屿和三角洲。河流是人类生存的重要自然资源，利用它，人们可以发展灌溉、航运和电力等事业。

峡谷是两旁都夹峙着陡峭高耸岩壁的河谷。河流在山区里蜿蜒而过，挟带的泥、沙、碎石随着水流而前进，对河底进行着强烈的侵蚀和冲刷，使河谷不断地变深，加上地壳的上升，于是就形成了峡谷。世界上最长的峡谷是美国科罗拉多大峡谷，长达440千米，最深的是中国金沙江上的虎跳峡，深度在2500～3000米之间。许多峡谷都是有名的旅游风景区，雄壮险丽的景色，令人流连忘返。

亚马孙河

亚马孙河是世界上最大的河流。它位于南美洲北部，发源于秘鲁境内的安第斯山，经过哥伦比亚、巴西等国流入大西洋，全长6437千米。为什么说它最大呢？第一，它的流域面积最广，有千万条大小河流的水直接或间接地归入亚马孙河，长度超过1000千米的支流就有20多条，流域面积为705万平方千米，约占南美洲大陆面积的39%。第二，它的水量最大，平均每秒钟有

12 万立方米的水流过河口，在远离河口 300 千米以内的海域全部是淡水的海洋，成了著名的"淡水海"。它的河口宽 250 千米，像一个喇叭口，海潮逆流而上一直可深入河流 600 ~ 1000 千米，而且波涛汹涌澎湃，景色十分壮观。当地方言"亚马孙"的意思是"湍急的波浪"，亚马孙河由此而得名。

亚马孙河

尼罗河

尼罗河是世界上最长的外流河。它的上源是两条河流：一条是发源于东非高原的白尼罗河，另一条是发源于埃塞俄比亚高原的青尼罗河。这两条河流在苏丹中部会合成尼罗河主流，全长 6670 千米。它从发源地到地中海入海口，流经布隆迪、卢旺达、坦桑尼亚、扎伊尔、肯尼亚、乌干达、埃塞俄比亚、苏丹和埃及等 9 国，是流经国家较多的国际河流之一。尼罗河哺育了古代埃及人民，他们因此创造了灿烂的文化，使它成为人类文化发祥地之一。尼罗河流域内有热带雨林、热带草原、热带沙漠和地中海型等多种气候带。

尼罗河

尼罗河中、上游多急滩、瀑布。历史上每年 6 ~ 10 月中、下游水量增大，造成涨水和泛滥，10 月以后，中、下游流量减少，涨水和泛滥也就消失了。河流在泛滥时，上游大量的有机质和矿物质沉积在入海口地区，形成了尼罗河三角洲，冲积成很厚的肥沃黑土，那里盛产的长绒棉产量居世界第一位。

伏尔加河

伏尔加河是世界上最长的内陆河。它发源于莫斯科西北的瓦尔代丘陵，曲折向东南流，最后流入世界上最大的湖泊——里海。这种不流入海洋，而

是流入内陆盆地湖泊（或者中途消失）的河流，叫做"内陆河"。不过人们凿了许多运河，使它可以通向白海、波罗的海、亚速海和黑海，所以又称它为"五海之河"。伏尔加河长 3530 千米，而且拥有大小支流约 200 条，流域面积为 136 万平方千米，是欧洲最

伏尔加河

长、最大的河流。伏尔加河的水主要来自冰雪融水，所以在融雪期间河水暴涨，最大水位可上升 14 米，每秒钟水流量最大可达 50000 立方米。大多数河段都可以通航，是俄罗斯内河航行的干道，人们又常形象地称它为"俄罗斯的中心街道"。

长 江

长江是中国的第一大河，长度为世界第三。长江发源于青藏高原的唐古拉山主峰——各拉丹冬，这里冰川高悬，冰塔林立，冰融的水形成沱沱河，为长江的最上源。长江流经我国 10 个省、自治区和直辖市，注入东海；全长 6300 千米，沿途接纳许多支流，形成一个庞大的水系；全流域面积超过 180 万平方千米。长江的流量极大，平均每年通过江口入海的水量达 10000 亿立方米，相当于黄河的 20 倍。长江自源头至四川宜宾，长约 3500 千米，落差竟达 6000 多米，几乎占长江总落差的 90%，水力资源极为丰富。长江干支流自古以来是中国东西航运的大动脉，干支流通航里程达 7 万多千米，约占全

国内河通航总里程的 2/3，形成了一个纵横相连的水运网，被称为"黄金水道"。

长江流域人口分布不均衡；人口最密集之地在华中和华东毗连长江两岸及其支流的平原，流域西部高原地区人口最为稀少。长江 3/4 以上的流程穿越山区，有雅砻江、岷江、嘉陵江、沱江、乌江、湘江、汉江、赣

长江三峡

江、青弋江、黄浦江等重要支流，其中汉江最长。干流以北的是雅砻江、岷江、嘉陵江和汉江；干流以南的是乌江、湘江、沅江、赣江和黄浦江。

该流域是中国巨大的粮仓，产粮几乎占全国的一半，其中水稻达总量的 70%。此外，还种植其他许多作物，有棉花、小麦、大麦、玉蜀黍、豆等等。上海、南京、武汉、重庆和成都等人口百万以上的大城市都在长江流域。

长江干流所经省级行政区总共有 11 个，从西至东依次为青海省、四川省、西藏自治区、云南省、重庆市、湖北省、湖南省、江西省、安徽省、江苏省和上海市。其支流流域还包括甘肃、贵州、陕西、广西、河南、浙江等省的部分地区。

黄　河

黄河是中国第二长河，世界第五长河，源于青海巴颜喀拉山，支流贯穿 9 个省、自治区：青海、四川、甘肃、宁夏、内蒙古、陕西、山西、河南、山东，年径流量 574 亿立方米，平均径流深度 79 米。但黄河的水量不及珠江大，沿途汇集有 35 条主要支流，较大的支流在上游，有湟水、洮河，在中游有清水河、汾河、渭河、沁河，下游有伊河、洛河。两岸缺乏湖泊，黄河下游流域面积很小，流入黄河的河流很少。黄河在山东省注入渤海，上、中游

黄 河

分界点为山西河口；中、下游分界点为河南旧孟津。黄河的入海口河宽 1500 米，一般为 500 米，较窄处只有 300 米，水深一般为 2.5 米，有的地方深度只有 1.2 ～ 1.3 米。

黄河从源头到内蒙古自治区托克托县河口镇为上游，河长 3472 千米；河口镇至河南郑州桃花峪间为中游，河长 1206 千米；桃花峪以下为下游，河长 786 千米。（黄河上、中、下游的分界有多种说法，这里采用我国黄河水利委员会的划分方案）黄河横贯中国东西，流域东西长 1900 千米，南北宽 100000 千米，总面积达 752443 平方千米。

科罗拉多大峡谷

科罗拉多大峡谷是世界上最长的河流峡谷，长达 440 千米。它位于美国西南部亚利桑那州科罗拉多高原上。由于地壳的缓慢抬升和科罗拉多河的不断侵蚀、切割，约经过 3 千万年的时间，最后形成了闻名世界的大峡谷，现在峡谷的最深处达到 1830 米。科罗拉多河现在仍

科罗拉多大峡谷

在不断侵蚀峡谷，将使峡谷变得越来越深，越来越宽。据推算，峡谷仍以每70年冲蚀1厘米的速度在发展。科罗拉多大峡谷的奇特之处，不单在它的蜿蜒曲折，呈下窄上宽的"V"形，而且各个地质时期的岩层从顶部到谷底，由新到老依次排列，峡谷的两壁在阳光的照射下显示不同的色彩。这里不仅是地质学家研究地球历史的好地方，也是令人向往的旅游区，现已辟为美国国家公园。

雅鲁藏布大峡谷

雅鲁藏布大峡谷长504.9千米，平均深度2268米，最深处达6009米，平均海拔在3000米以上，是世界第一大峡谷。整个峡谷地区冰川、绝壁、陡坡、泥石流和巨浪滔天的大河交错在一起，环境十分恶劣。许多地区至今仍无人涉足，堪称"地球上最后的秘境"，是地质工作少有的空白区之一。

雅鲁藏布大峡谷不仅以其深度、宽度名列世界峡谷之首，更以其丰富科学内涵及宝贵资源而引起世界科学家的瞩目，世界最大降水带分布在布拉马普特拉河—雅鲁藏布江流域；世界最北的热带气候带和自然带分布在雅鲁藏布大峡谷；世界上濒临绝种的古老物种生息繁衍在雅鲁藏布大峡谷；世界上最丰富的水能资源、稀有生物资源分布在雅鲁藏布大峡谷。雅鲁藏布大峡谷使全球热带气候北移了几百千米，是世界上同纬度最大的降水区，是全球抬升最快的地区。

2005年10月23日，中国最美的地方排行榜在京发布。评选出的中国最美的十大峡谷，雅鲁藏布大峡谷名列其中。2009年，《中国国家地理》杂志社与中国地理学会在新中国成立60周年、中国地理学会成立百年、我国近现代地理学创立和发展百周年之际，共同发起了"中国地理百年大发现"的评选活动。其中就包括1994年雅鲁藏布大峡谷被论证为世界第一大峡谷。

湖泊与岛屿

湖泊是陆地表面的洼地积水而形成的比较宽广的水域。湖泊的面积深浅是各不相同的，最大的如亚洲和欧洲之间的里海，面积约 37 万平方千米，小的如那些名不见经传的小池塘。

湖泊是在地质、地貌、气候、流水等多种因素作用下形成的，人们常按照它的主要成因，把它们分为构造湖、火口湖、冰川湖、堰塞湖、侵蚀湖、牛轭湖、潟湖、人工湖等。有时人们只需要了解湖泊的某些情况，就按它们含盐多少，分为咸水湖和淡水湖两大类；或者按它们是否向外泄水，分为排水湖

宁静的湖泊

和非排水湖两类。地球上的湖泊面积约 250 万平方千米，只占陆地面积的 1.8%，但是它能调节水量和气候，供给人们饮用水，以及可以发展灌溉、航运、养殖等，所以是人类的天然财富。

岛屿是和大陆相比面积较小、四周环水的陆地。它们位于海洋、河流和湖泊当中。有的是由于河流所搬运的泥沙堆积而成的，称为堆积岛，例如长江口的崇明岛；有的本来是大陆的一部分，后来由于地壳运动或海水的侵蚀而分裂出去，称为大陆岛，如台湾岛；有的则是由于海底火山的爆发、海底的隆起等作用，在大洋中生成的，称为大洋岛，如夏威夷群岛。岛屿的面积大小不一，一般大的称为岛，小的称为屿。世界上第一大岛是北美洲的格陵兰岛，面积为 217 万平方千米，而小的则不到 1 平方千米。据统计，全世界约有岛屿 5 万个以上，面积约为 997 万平方千米，占地球陆地面积的 1/15。它们像一颗颗明珠，镶嵌在碧波如茵的江河湖海中，不少岛屿风光独特，是令人神往的旅游胜地。

在大陆和海洋交界的地方，许多岛屿和群岛呈弧形分布或延伸，人们称它为岛弧。岛弧是世界上地震最多的区域。岛弧的岛屿大多由火山岩组成，有的岛弧上还有活火山在喷发。海洋中有许多岛弧，如太平洋西海岸的千岛岛弧、日本岛弧、琉球岛弧、台湾—菲律宾岛弧等，地球上所有的岛弧加起来约有 40000 多千米长，差不多可以绕地球一周。

四面环水的岛屿

火口湖

火口湖也叫"火山口湖"，是火山口或破火山口中蓄水而成的湖泊。湖水主要来源于降水或地下水，有时也有从地下的岩浆中分离出来的水，这种水含酸性并且有特殊的颜色。火口湖一般出现在火山的顶端，有的火口湖因火山锥受到破坏，出现在较低的地方。中国长白山、湛江湖光岩、腾冲火山群等地都有著名的火口湖。火口湖一般都较深，中国长白山高峰上的白头山天池（中朝界湖），深 373 米，为世界上最深的火口湖之一。天池周围有许多由火山口壁形成的外轮山峰，天池内壁悬崖峭壁，有如鬼斧神工琢成的玉碗，池水碧蓝宛如群峰中镶嵌的一块蓝宝石。至今已

长白山天池

知最深的火口湖是美国死火山马扎尔的山顶上的克雷特湖，深589米，就是在所有的湖泊中也算是名列前茅的。

的的喀喀湖

位于南美洲的秘鲁和玻利维亚交界处的的的喀喀湖，是世界上最高的淡水湖。湖面海拔3812米，面积8290平方千米，平均深度100米，最深处达304米，终年通航，是秘鲁和玻利维亚两国的航运通道。

的的喀喀湖风光

的的喀喀湖风光秀丽，景色宜人，是著名的游览胜地。这里还是印第安文化的发祥地之一。生活在这里的印第安人靠牧业、渔业为生，他们自古以来饲养着两种亚洲骆驼的近亲驼羊和羊驼。

五大湖

美国与加拿大之间的五大湖：苏必利尔湖、密歇根湖、休伦湖、伊利湖、安大略湖，是世界上最大的淡水湖群。这五大湖相依、相连，享有"美洲大陆地中海"的称誉。五湖当中，以苏必利尔湖最大，面积82410平方千米，又是世界最大的淡水湖。它占五大湖总蓄水量的一半以上。在伊利湖与安大略湖之间还有世界著名的尼亚加拉大瀑布。此瀑布水势澎湃，景色雄伟，让人叹为观止。

该湖群地区气候温和，航运便利，矿藏丰富，是美国和加拿大经济最发达的地区之一，也是旅游、度假的好地方。

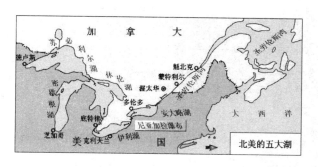

地图上的五大湖群

贝加尔湖

位于俄罗斯东西伯利亚南部的贝加尔湖，是世界最深的湖泊，平均深度为730米，最深处达1620米，把泰山那样高的山扔在里面也露不出头。

贝加尔湖沿岸风景

因为湖深，所以积蓄了大量淡水，贝加尔湖是世界上容水最多的湖，蓄水量达23000立方千米，相当于北美洲五大湖蓄水量的总和，约占全球淡水湖总蓄水量的1/5。这么多的水来自哪里呢？原来，共有336条河流注入贝加尔湖，而流出的却只有一条——叶尼塞河。

令人不解的是，贝加尔湖中的许多生物，并非是一般湖泊所能具有的，如海豹、海螺、海绵、龙虾等等，均为地地道道的海生生物。这些海洋生物从何而来，至今还没有确切答案。

里 海

里海是世界上最大的湖泊，面积约36.8万平方千米，约是世界第二大湖

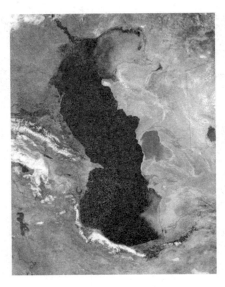

卫星云图上的里海

苏必利尔湖的 4~5 倍。它位于欧洲和亚洲之间，形状有点像字母"S"，南北长 1200 千米，东西平均宽 320 千米；北部水浅，约 4~6 米，南部水深，最深达 1025 米。在漫长的地质时代里，里海同黑海、地中海曾经连在一起，后来经过多次地壳运动，这里的海陆面貌发生了变化，高加索山和厄尔布士山在里海的西南部和南部崛起，使得里海分离成为一个内陆湖。尽管有伏尔加河、乌拉尔河等 130 条大小河流注入里海，但是由于这里气候炎热干燥，蒸发旺盛，所以湖面水位还逐年下降，面积也从 1929 年的 42.2 万平方千米缩小到 1980 年的 36.8 万平方千米。不过它仍是世界上最大的湖泊。

双层湖

　　双层湖是一种上层为淡水，下层为咸水的奇特湖泊。水层之间有明显的分界线，而且淡水层往往生活着淡水鱼等生物，咸水层却生活着海洋生物。例如，在美国阿拉斯加州北部的巴罗角有一个纽瓦克湖，湖水分为两层，分界线距湖面仅为 2 米。有的湖还可细分为多层，像俄罗斯北部基丁岛上的一个湖可分为 5 层：第一层是纯淡水，生活着淡水鱼；第二层湖水略咸，有海蜇、海虾等生长；第三层是咸水，生活着海葵、海星、海鱼等；第四层水呈红色，只有细菌存在；第五层富含硫化氢，没有生物的踪迹。科学家们认为，这些位于极地海洋附近的湖泊，原先是海湾，由于地壳上升，形成了封闭的湖泊，保留了海水和海洋生物，而极地冰雪融水汇入湖泊后，由于密度比海水小，不易和下层水溶合，所以就形成了双层湖的奇特现象。

千湖之国

千湖之国是世界上湖泊最多的国家——芬兰。它位于欧洲北部，国土大多在海拔200米以下，主要是起伏的冰碛丘陵和平原。全国有6万多个晶莹的湖泊，星罗棋布地镶嵌在芬兰大地上，总面积达44800平方千米，占国土面积的1/8。在距今200万年前，第四纪冰川遍布北欧大陆，芬兰全部被大冰川覆

美丽的芬兰

盖着。冰川在重力和压力作用下，在向南移动时侵蚀了地面，使地面变得凹凸不平，到处坑坑洼洼；当气候变暖，冰川消融时，使积水形成了繁星似的冰碛湖群。所以人们就称芬兰为"千湖之国"。

长白山天池

长白山天池坐落在我国吉林省东南部，是中国和朝鲜的界湖。湖的北部在吉林省境内，是松花江、图们江、鸭绿江三江之源。因为它所处的位置高，水面海拔达2150米，所以被称为"天池"。长白山位于中、朝两国的边界，气势恢宏，资源丰富，景色非常美丽。在远古时期，长白山原是一座火山，据史籍记载，自16世纪以来它又爆发了

长白山天池

3 次。当火山爆发喷射出大量熔岩之后，火山口处形成盆状，时间一长，积水成湖，便成了现在的天池。而火山喷发出来的熔岩物质则堆积在火山口周围，成了屹立在四周的 16 座山峰，其中 7 座在朝鲜境内，9 座在我国境内。这 9 座山峰各具特点，形成奇异的景观。

长白山天池是中国最深的湖泊，为 1702 年火山喷发后的火口积水而成，高踞于长白山主峰白头山（海拔 2691 米，为东北最高峰的山）之巅。湖面海拔 2155 米，面积 9.2 平方千米，平均水深 204 米。湖周峭壁百丈，环湖群峰环抱。这里气候多变，常有蒸气弥漫，瞬间风雨雾霭，宛若缥缈仙境。晴朗时，峰影云朵倒映碧池之中，色彩缤纷，景色诱人。曾盛传湖中有怪兽，轰动一时，至今仍为一谜。周围有小天池镜湖、长白温泉带等诸多胜景。

地震湖

地震湖是因地震影响而形成的湖泊，大致可分为三种类型：一是由于地震引起山崩堵塞河道成湖，常常发生在高山区域。1941 年 12 月 17 日中国台湾嘉义附近地震，当地清水溪上游，阿里山山区中的草岭发生了山崩，土石下落，将清水溪阻塞成一个容量约 1000 万立方米的堰塞湖。1942 年 8 月 10 日又因地震，发生第二次山崩，湖堤加高，水量增至 1.5 亿立方米，水深达 120 米，成为台

堰塞湖

湾第一深湖，第三大湖。二是由于地震引起溶洞等暗藏洞穴塌陷积水成湖。这种湖泊常常发生在石灰岩广泛分布、岩溶地形发育的地区。当地下石灰岩在长期流水的溶解作用下，形成洞穴，遇到地震时，下面支撑不住上面遗留的岩层，塌陷下去成为凹地积水成湖。三是由于地震时地面形变，局部地区地势下降较多，形成洼地蓄水成湖。例如，1906 年美国旧金山发生地震后，附近形成许多小的湖泊。

大陆架与大陆坡

大陆架是海洋边缘围绕大陆的平浅海底。18 世纪中期，人们在铺设海底电缆时发现了它，这里海底地形平坦，它的外缘与大陆坡分界处有一个明显的坡折。坡折处的水深平均是 130 米，最浅的是非洲岸外大陆架，水深只有 80～90 米；最深的是俄罗斯北部巴伦支海大陆架，水深达 550 米。大陆架是海洋中最富饶的海域，大大小小的河流把陆地的大量营养盐带入海中，首先进到大陆架区，对海中鱼、虾、蟹和贝等生物生长十分有利，因而大陆架区是人们捕鱼的重要海域，也是航运的重要航线通过区。20 世纪 40 年代以来，人们开始在大陆架区开发海底石油和天然气，目前大陆架区石油和天然气的产量占全世界产量的 1/3，随着科学的进步，这一比例会越来越高。

大陆坡是大陆架与大洋盆地之间较陡的斜坡海底。它从水深 130 米倾斜到 3500 米深处，面积达 2870 万平方千米，占整个地球表面积的 5%～6%，是地球上最大的斜坡地形。目前，科学家发现大陆坡是大陆和海洋的真正分界线，因为大陆区地壳的厚度在 30 千米以上，大洋区地壳厚度在 8 千米以下，它们的过渡区就是大陆坡；大陆坡地壳厚度一般在 15～25 千米之间，称为过渡型地壳。大陆坡上最奇特的一种地形是一条条横切大陆坡的海底峡谷，它的沟头在大陆架外缘，沟口在洋底；它像陆上河流一样，还有分叉，沟中有泥沙流动，流动的速度比一般汽车速度还快，有很大能量，常冲断人工架设的海底电缆。

千姿百态的奇妙地貌是怎么形成的呢？为什么会有今天我们所看到的奇妙景象呢？要想得到答案，必须要知道各种地貌形成的原因。如果按形成的原因，可分为构造地貌、侵蚀地貌、堆积地貌、河流地貌、喀斯特地貌、风成地貌、重力地貌等。

地貌的成因

DIMAO DE CHENGYIN

地貌的发育是各种内力和外力在地表相互作用的过程。内力作用的总趋势是增加地面的起伏；外力作用的总趋势是削高填低，减少地面的起伏。因此，内力的隆起和外力的侵蚀，内力的下沉和外力的堆积，彼此是相互联系相互制约的，在一定程度上是协调发展的。但是，在不同地区、不同时间和不同的时空结构层次中，各种内力和外力的组合、配合形式各不相同，因而地貌形成发育的过程、方向、规模和表现形式等也不一样。这也导致了地貌类型的多样性和地貌区域的差异性。

人类在其生产活动中，对地表的改造和利用也在不同性质和不同程度上给地貌发育带来一定的影响。并且随着科学技术水平的不断提高，人类活动对地貌的影响还将更加广泛和深刻。人类活动对地貌发育的影响通常有两种方式：一是通过改变地貌发育条件加速或延缓某种地貌过程；二是直接干预地貌过程，甚至改变地貌发育的方向。

流水地貌与构造地貌

　　流水地貌是由于流水作用而形成的各种地貌。天空中降下的雨、雪、冰雹等，形成水后会顺着坡面、沿着沟谷和河谷从高往低处流，在流动中对地壳同时进行着侵蚀、搬运和堆积等作用，于是就形成了流水侵蚀地貌和流水堆积地貌。在各种侵蚀作用中，流水的侵蚀作用特别强大和普遍，像冲沟、溪谷、河流、峡谷和瀑布等，都是流水侵蚀地貌。流水的侵蚀，会使坡面变得破碎，使河谷变得更深更宽阔。侵蚀下来的物质随着水流被搬运走，在地势低平、水流流速缓慢的地方堆积下来，日久天长便形成了像冲积扇、三角洲、冲积平原等流水堆积地貌。只要有水流的地方，就有流水地貌，所以，降水量大的湿润地区流水地貌就到处可见了。

　　构造地貌是主要由于地壳的构造运动造成的地表形态。它包括像大陆和大洋这样的巨型地貌，由板块碰撞而形成的大型地貌，如西藏高原、喜马拉雅山等；由于褶皱、断层、火山和地震等形成的中、小型地貌，如背斜山、断块山、火山、陷落盆地等。人们根据构造地貌形成的原因，把它分为原生构造地貌和次生构造地貌。原生构造地貌是地壳构造运动独自形成的地貌，次生构造地貌则是在构造运动的基础上，经过外力作用的加工而形成的地貌。

长江三角洲

三角洲

　　三角洲是河口地区的三角形冲积平原。当河流在流进海洋或湖泊的时候，由于地形平坦，所以流速减慢，水流变得分散，河水中挟带的泥沙便渐渐地沉积下来，往往先形成沙岛、沙洲或沙嘴等，它们进一步发展就形成了三角洲。三角洲的顶端指向河流上游，底边则是三角洲的外缘。泥沙的不断沉积，使三角洲的外缘不断向海洋或湖泊扩展，面积也不断变大。如果泥沙在外缘之外沉积，就会形成水下三角洲，中国长江三角洲外就有很大的水下三角洲。三角洲地势低平，河网交错，湖泊星罗棋布，是良好的农耕区和"鱼米之乡"。世界上最大的三角洲是南亚的恒河三角洲，面积达 8 万多平方千米。据统计，全世界三角洲的面积仅占全部陆地面积的 1%，但却养育了世界上 1/7 的人口，并且许多大城市都建在三角洲地区。

冲积平原

冲积平原是最为常见的一种平原。它是河流挟带的泥沙，在搬运的过程中随着流速的减慢，在地势较为平坦的地区逐渐沉积下来而形成的。冲积平原地势平坦，面积宽广。冲积物往往具有上细下粗的层次结构，多沿河谷延伸，分布在河流的中下游地区。要形成冲积平原，首先河水中要挟带有一定数量的泥沙，因为一定数

地势平坦的华北平原

量的泥沙是形成冲积平原的物质条件；另外，河流流经的地区要平缓一些，因为平缓的地势使河流流速放慢，泥沙的沉积才有可能。冲积平原一般由大面积的山麓冲积扇、两岸的河漫滩和河口三角洲等部分组成。中国的华北平原就是典型的冲积平原。冲积平原由于土层深厚，土壤肥沃，灌溉便利，一般都是重要的农业区。

洪积平原

洪积平原是由于洪水泛滥，泥沙堆积而成的平原，所以也叫"泛滥平原"。洪积平原的面积一般比较宽广，多分布在河流中下游的两岸。每当汛期到来，洪水泛滥，河水漫出堤岸，造成泥沙在这里堆积。随着汛期的到来，水位不断上升，洪水的泛滥对河流两岸的侵蚀作用加剧，致使河谷两侧的谷坡逐渐后退，河谷变得更为宽阔。洪水挟带的泥沙反复在这里堆积，最后就形成了洪积平原。这种平原的地表十分平坦，起伏变化很小，在各大河的中下游地区发育得最好。如果洪积平原进一步发展，面积不断扩大，最后就形成了冲积平原。因为这里常有洪水泛滥，地势又较低平，因此，要注意防止洪水灾害。

滨海平原

滨海平原是分布在沿海地区的平原，因靠近海岸，所以也叫"海岸平原"。这类平原所在的地区，原来曾是海洋的一部分，后来因为受到地壳运动的影响而逐渐上升，或者是由于海平面的下降，致使这部分逐步露出海面。这类平原的地势十分低平，并且向海洋方向有微微的倾斜。中国华北平原的东部滨海部分就是属于这类平原。在这类平原的低洼易积水的地方，或者在地下水位较高的地区，往往有一定面积的盐土和碱化土分布，土壤中的盐碱含量较高，对农作物生长十分不利。

天生桥

天生桥

天生桥也叫"天然桥"，是两端和地面连接，中间悬空如桥一样的地貌。在石灰岩分布地区常常可以看到，主要是地下溶洞或地下河的顶部两侧岩石发生崩塌，中间残留部分露出地表而成。其他还有黄土分布地区或海滨地区，由于流水或海水的侵蚀而成的。美国西部的科罗拉多高原上有一座庞大的天生桥，高出水面 94 米多，桥顶厚 13 米，桥面宽 6.7 ~ 10 米，像彩虹横卧在一条小河上，甚为壮观。中国云贵高原上贵州省黎平县发现了一座天生桥，它长达 118.92 米，比原先人们认为最长的天生桥——美国犹他州的"风景拱门"桥长出 30.22 米，成为目前世界上真正的最长的天生桥。

褶皱山

褶皱山是由于褶皱而形成的山体。由于地壳内部的挤压力，使岩层褶皱，慢慢上升而形成了山岭，一般山岭就是隆起的背斜，邻近的山谷是凹下的向斜，这就称为背斜山。这种山有的长期遭到侵蚀，也会向反面转化，背斜成了山谷，向斜倒成为山，称为向斜山。褶皱山是地球上最常见的山脉，它可以分为简单褶皱山和

阿尔卑斯山

复杂褶皱山。简单褶皱山一般坡度较缓，看上去比较宽展，像四川重庆附近的歌乐山就是一座单背斜山；复杂褶皱山的坡度比较陡峭，看上去高大雄伟，像亚洲的喜马拉雅山和欧洲的阿尔卑斯山都是复杂褶皱山。

背斜山

背斜山是褶皱中背斜部位形成的山。当地层受到挤压时，慢慢地形成褶皱而被抬升起来，在一开始的时候，最高的总是背斜部位，于是就成了背斜山。在继续挤压下，如果最上面的岩层断裂了，而下面的岩层还没有断裂，

往往仍然是高耸的背斜山。尽管山的种类有多种多样，但是相当多的山，在它们刚诞生的时候只是背斜山，随着不断的成长，有的成了断块山、单斜山等，如果背斜部位裂缝较多，随着外力作用的不断侵蚀，还会由山变成沟谷呢！

向斜山

向斜山是褶皱中向斜部位形成的山。我们知道水平的地层在挤压的作用下，就像平推摊在桌面上的布一样会引起褶皱，在刚形成时，一般凸起的总是背斜，凹下的总是向斜。不过有的向斜底部的岩石，受到挤压后变得紧密坚实，不易被侵蚀，而两侧背斜由于弯曲而产生了许多裂缝，却变得疏松软弱，在长期的风吹雨淋等外力作用下，背斜不断地被剥蚀与搬运，慢慢地变成了比紧密坚实的向斜还低的谷地，这个向斜反而显得高了，成了向斜山。像杭州灵隐寺附近的飞来峰，就是这样形成的一座向斜山。所以我们在野外进行考察的时候，不能简单地认为山岭都是背斜，谷地都是向斜，一定要仔细地辨别岩层性质等各种情况，再下结论。

地　垒

地垒是两个大致平行的断层之间相对上升的地块。两边的地块相对下降，使地垒很突出，往往会形成断块山。两个断层的倾向是相反的，而且倾角一般较大，所以常会形成许多悬崖峭壁，耸立在平地之上，雄伟挺拔，像著名的泰山和庐山都是地垒形成的断块山。如断层较长，又比较连续，有时也会形成长条状的山脉，像山西省太行山和吕梁山等。地垒和地垒之间，常

雄伟的泰山

会夹着地堑，如山东中南部从地形图上看像一面盾牌，不过它是被断裂破碎了的盾牌，在北部有泰山、鲁山和沂山呈北东向的断块山，在南部有摩天岭、蒙山和尼山呈北西向的断块山。断块山之间夹着地堑谷，其中最宽广的是泰安的大汶河上游谷地和平邑—费县的枋河上游谷地。

地　堑

地堑是两个大致平行的断层之间下沉的地块。随着断层的长度和断层间的宽度不同，会形成不同规模的陷落盆地和断裂谷地，两个断层一般都是相向倾斜的，而且倾斜角较大，上升的岩层显得十分陡峭。像中国陕西省中部的渭河平原，西起宝鸡，

渭河平原

东至潼关，长约 300 千米，南面耸立着高峻的秦岭山脉，北面则是凸起的陕北高原，这个地堑盆地经河水冲积、黄土堆积形成了农业发达的平原，号称"八百里秦川"。世界上最大的地堑，要算东非大裂谷了，它总长度达 7000 千米，分为两支，纵贯埃塞俄比亚高原和东非高原，谷底有许多狭长形湖泊。

东非大裂谷

东非大裂谷是世界大陆上最大的断裂带，从卫星照片上看去犹如一道巨大的伤疤。当乘飞机越过浩瀚的印度洋，进入东非大陆的赤道上空时，从机窗向下俯视，地面上有一条硕大无朋的"刀痕"呈现在眼前，顿时让人产生一种惊异而神奇的感觉，这就是著名的东非大裂谷，亦称东非大峡谷或东非

东非大裂谷

大地沟。

由于这条大裂谷在地理上已经实际超过东非的范围，一直延伸到死海地区，因此也有人将其称为非洲—阿拉伯裂谷系统。

这个地球表面最大的裂谷，从约旦向南延伸，穿过非洲，止于莫桑比克，总长6400千米，平均宽度48～64千米；北段有约旦河、死海和亚喀巴湾；向南沿红海进入衣索比亚的达纳基勒洼地，继而有肯亚的鲁道夫湖、奈瓦沙湖和马加迪湖。坦桑尼亚境内一段东缘因受侵蚀已不太明显。裂谷经希雷谷到达莫桑比克的印度洋沿岸。西面一岔裂谷从尼亚沙湖北端呈弧形延伸，经过鲁夸湖、坦干伊喀湖（世界第二深湖）、基伏湖、爱德华湖和艾伯特湖。裂谷湖泊多，深似峡湾，裂谷附近高原一般向上朝裂谷倾斜，有些湖底大大低于海平面；至谷底平均落差600～900米，有些地段达2700米以上。据推测，裂谷形成于上新世和更新世，一些地段同时伴随有大规模火山活动，因而形成乞力马扎罗山（5895米）和肯亚山（5199米）等山峰。

这条长度相当于地球周长1/6的大裂谷，气势宏伟，景色壮观，是世界上最大的裂谷带，有人形象地将其称为"地球表皮上的一条大伤痕"，古往今来不知迷住了多少人。

海岸地貌与冰川地貌

海岸地貌是海洋和陆地交界地区，在地壳运动、岩浆活动、波浪、潮汐、冰川、海流、风和生物活动等作用下形成的地貌。这些地区的变化比较容易看出，有的海岸不断向海洋推进，有的却向陆地方向后退，形成的地貌形态景象万千。有的是奇崖绝壁，地势险峻；有的是潮来一片汪洋，潮去一片海滩，地势平坦；有的是风光旖旎的珊瑚礁等生物海岸。一般把它们分为两大类，一类是以侵蚀破坏为主的海蚀地貌，如海蚀崖、海蚀洞、海蚀柱等；另一种是以堆积建设为主的海积地貌，如沙嘴、海滩、珊瑚礁等。研究海岸地貌的生成和发育的原因，将有助于人们利用海岸资源。

冰川是沿着地面倾斜方向移动的巨大冰体。它像是一条冰组成的河流，大多分布在极地和高山地区。按照冰川的形态和运动特征，分为大陆冰川和山岳冰川两大类。这里气候十分寒冷，降水以固体形式的雪为主。当积雪达到一定的厚度时，在重力作用下紧压成冰川冰，沿着地表缓缓地流动，就形成了冰川。在历史上，地球上曾有 1/3 的陆地被冰川所覆盖，现在冰川的覆盖面积也要占到陆地总面积的 1/10 左右。由于冰川是固体，流动时又受到地面的阻力，因此流动的速度十分缓慢，每年从几米到数十米不等。冰川是地球上储量最大的淡水资源，要占到全球淡水总量的 68.7%，被人们称为"固体水库"。发源于高山地区的大河，它们的水源往往来自于冰川融水。

冰川地貌

在 100 多年前，欧洲有一支探险队来到欧洲南部的阿尔卑斯山脉探险。在一次雪崩中，几名探险家不幸遇难丧生，被埋在冰川中。当时有人根据冰川流动的速度预言，这几名探险家的尸体 40 年后将在冰川的下游出现。在 43 年后，这几名探险家的尸体果真在冰川的下游出现了。

沙　嘴

沙嘴是一端连着陆地，一端伸入海中的海岸堆积地貌。当泥沙壤随着海

沙　嘴

浪沿海岸移动，遇到向海洋方向突出的海岸地带时，由于受到阻挡，海浪的推动能力降低，于是所携带的泥沙在海岸凸出的后部逐渐堆积起来。随着时光的流逝，堆积规模逐渐扩大，最后就形成了沙嘴。伸向海洋的一端在向前延伸时，由于波浪的冲击和泥沙在沙嘴靠岸一侧的堆积，形成了像镰刀一样的外形。如果沙嘴的一端弯得和陆地连住，圈起一部分海域，就成了潟湖，如果在离沙嘴不远处的海洋中有岛屿的话，当沙嘴伸延到一定程度时，就将岛屿与陆地通过沙嘴相连，那就形成了陆连岛了。

陆连岛

　　陆连岛又叫"连岛沙洲"，指由沙嘴、沙坎等和大陆相连的岛屿，多分布在海岸的岬角处或离海岸不远有岛屿的地方。当海浪等向岸运动时，由于受到岬角或岛屿的屏障阻挡，大大削弱了海浪等的搬运作用，于是便将所携带的泥沙等物质在这里逐渐堆积起来。开始时在岬角或岛屿的后方形成一条沙嘴，随着泥沙堆积的增多，沙嘴越伸越长，最后便将岛屿与大陆相连，这些

位于烟台的芝罘岛

岛屿就成了陆连岛。而沙嘴就是岛屿与大陆间的一座天然桥梁。中国山东半岛烟台市的芝罘岛就属于陆连岛。

海蚀崖

海蚀崖是岩石海岸受到海浪等侵蚀而形成的一种临海的悬崖陡壁。当海浪长期拍击海岸时，产生冲蚀和掏蚀作用，使岩石海岸在海平面处被侵蚀成一个凹槽，当继续发展时，凹槽以内的岩石在海浪的作用下被掏空，致使上部悬空的岩石崩塌，海岸便步步后退，最后形成

海蚀崖

一个陡峭的海蚀崖。一般有死、活两类海蚀崖。死海蚀崖的崖壁比较缓和，不再向后退了，在崖壁上多有植物生长；而活海蚀崖的崖壁则比较陡峭，继续在发展，上面没有植物生长。活海蚀崖要比死海蚀崖显得更加雄伟。位于夏威夷群岛中莫洛凯岛东北岸的海蚀崖是迄今为止世界上最高大的海蚀崖。它的坡度大于55°，崖壁高达1000余米，当乘船从它旁边驶过时，抬头仰望，崖壁显得更加高大雄伟。中国海蚀崖的分布比较普遍，如大连、北戴河、山海关、秦皇岛，以及海南岛都可以看到。

海蚀洞

海蚀洞是海浪侵蚀而成的深大临海洞穴。浩瀚的大海，波浪滔天，由海浪及其所挟带的岩块、碎屑物质对海岸进行冲击和掏蚀后，形成了面向大海的凹穴，其中深度较大者就是海蚀洞。海蚀洞多产生于岩岸节理较多或者抗蚀能力较弱的部位。在印度尼西亚一些岛屿上的海蚀洞深度可达200余米。

潮音洞

浙江普陀山的潮音洞、梵音洞等也是著名而典型的海蚀洞。潮音洞高大深邃，深度近70米，在洞内可聆听潮水汹涌翻滚的声音，人们称作"空穴来音"。相传该洞还是观音菩萨经常现身之处。而梵音洞以高见长，其高度可达数十米，具有"水势奔腾峭壁开，半空雪浪似鸣雷"的壮丽景色。平时，洞内雾露沉沉，幽泉滴滴，给人以神秘的感觉。

海蚀柱

海蚀柱是海岸受到海浪、潮汐等侵蚀后残留在海中或岸边的石柱。海浪和潮汐不断地冲击着海岸，那些软弱的岩石不断地被"咬"掉，但是比较坚硬的岩石却仍然坚持着，于是就成了孤零零的海蚀柱了。然而海浪、潮汐等仍然对它不断地雕琢，所以就有了各种各样的奇特形状。人们根据不同的形状起了许多名字来称呼它们，例如"石公公"、"石婆婆"、"石蘑菇"、"花瓶石"和"南天一柱"等，看上去都很逼真。如渤海海峡的庙岛列岛中，像有人在海中建造了一座高耸的宝塔，其实也是海蚀柱，人们称它为"宝石礁"。还有青岛附近海面

庙岛列岛

上的"石老人",高达 18 米,远远望去酷似一个驼背的老人站在海中眺望,好像在等待着出海打鱼的子女们早些平安归来。

珊瑚礁

珊瑚礁指主要由珊瑚的骨骼堆积而成的礁石。在热带海洋的浅水浪花之下,珊瑚固着在海底,不断分泌钙质,形成骨骼向上生长,在迎风浪的方向生长得特别快,形成一个千姿百态、五彩缤纷的水下花园,有淡红色、米黄色蘑菇状的滨珊瑚,皇冠般翠绿色的盔形珊瑚,婀娜多姿的宝石蓝和猩红色的鹿角珊瑚等。珊瑚的生长

夏威夷群岛

吸引了上千种鱼、蟹、贝类、藻类和微生物在这里聚居,组成一个生物大家庭;珊瑚的骨骼和贝壳以及石灰质藻类等胶结成一个个钙质岩体,于是就形成了珊瑚礁。中国南海的西沙群岛和南沙群岛都是珊瑚礁组成的。由于珊瑚只能生活在热带海水中,所以现代珊瑚礁只出现在热带和亚热带的海洋中,如太平洋的夏威夷群岛、社会群岛、所罗门群岛、加罗林群岛、中国南海诸岛、菲律宾和印度尼西亚等地方,另外印度洋和大西洋的加勒比海中也有珊瑚礁发育。

岸　礁

岸礁是贴近海岸生长、发育的一种珊瑚礁。海滩下的浅水中生长着大量的珊瑚,它们向上只长到低潮海面的位置,珊瑚不断地老死新生,就形成了沿海岸分布的顶面平平的珊瑚岸礁。岸礁上的珊瑚和其他生物的骨骼被风浪打断磨碎后,被搬运到海滩,成了和一般的海滩沙子不同的白晶晶的海滩沙。

岸 礁

岸礁地区没有大河入海，海水特别清澈，海参、龙虾和各种各样的鱼很多。宽阔白净的海滩是天然的海滨浴场，可供人们在此游泳嬉耍，平坦的礁坪上可以追潮拾贝，所以世界上不少岸礁区都是旅游风景区。

世界上规模最大的岸礁分布在印度洋北部的红海海岸，那里的珊瑚岸礁沿岸长达 2000 千米以上。中国台湾南部恒春半岛、海南岛东岸都有岸礁分布，最长的达 20 多千米，最宽的地方可达千米。

环 礁

环礁是大洋中呈圆形或椭圆形环带状分布的珊瑚礁。环礁一般分布在深海大洋区，如中国南海、太平洋西南海区。环礁礁体大部分在涨潮时没入水中，退潮时露出海面，形成宽广、平坦的礁坪，礁坪上的珊瑚礁块和生物砂堆积成一个个小岛，称为灰砂岛。在比较大的灰砂岛上，生长着茂密的热带植物，少数灰砂岛上有淡水井和淡水湖，有人居住。环礁上有数个缺口，每当风大浪急时，环礁内水面平静，船舶可以从缺口处进入避风，所以环礁是大洋中天然的避风良港。灰砂岛由于绿树丛生，是海鸟聚居的场所，例如中国南海西沙群岛的东岛，面积不到 1 平方千米，海鸟却有 6 万余只，鸟粪

新喀里多尼亚环礁

在岛上厚达几米，是很好的磷肥资源。

　　新喀里多尼亚环礁（暗礁多样性及相关生态系统）由 6 个海洋珊瑚礁组成，象征着法国太平洋新喀里多尼亚群岛珊瑚礁和相关生态系统的多样性，它是世界上三个最广阔的珊瑚系统之一。泻湖内生活着多种珊瑚虫和鱼类，这里是从红杉树到海草的栖息地，是世界上珊瑚结构的密度变化最大的地方。新喀里多尼亚环礁是一个完整无损的生态系统，这里生活着健康的大型食肉动物群体和大量不同的大鱼。这里还为大量受到威胁的鱼类、海龟和海洋哺乳动物提供了栖息地，其中儒艮数量位居世界第三。这些泻湖周围的自然风光异常美丽，泻湖内有不同年代的珊瑚，其中有活着的，也有远古珊瑚化石，为研究大洋洲的自然历史提供了一个重要的信息源。

大陆冰川

　　大陆冰川指分布在极地和极地附近的冰川，主要分布在格陵兰岛和南极大陆上。这两个地方冰川的面积占全球冰川总面积的 97%，是冰川的最主要部分。大陆冰川不但面积大，而且冰层很厚，好像在地面上盖了一层厚厚的被子一样，因此也有人把大陆冰川称为"冰被"。南极大陆的表面就覆盖着平均 2000 米厚的冰川，这里最

格陵兰岛

厚的冰层达到 4270 米，使这里成为一个名副其实的"冰雪大陆"。格陵兰岛的 90% 的面积也被冰川覆盖，在这里难以见到地表的岩石，在阳光的照射下，冰川白得耀眼。大陆冰川的表面，中间高四周低，呈盾形分布，由于它实在太厚，所以在流动时不受地形的影响。当大陆冰川缓缓流动而伸入海洋时，往往就断裂成为漂浮在海面上的一座座冰山了。

世界的第一大岛——格陵兰岛，整个岛屿几乎都被冰川所覆盖。有人在这里的深井中开采出大冰块，并用飞机运到美国市场出售。由于这些冰块已有数百万年的历史，所以人们称它为"万年冰"。大家相信这些原始时代的冰块不会含有任何有害物质，可以放心地饮用，所以都竞相高价购买。

山岳冰川

山岳冰川是分布在高山地区的冰川，主要分布在亚欧大陆高山地区的上部。这里的低温和大量的降雪对冰川的发育提供了条件。山岳冰川的规模和厚度远远不及大陆冰川。由于地处山区，坡度较大，山岳冰川的流动速度要比大陆冰川快得多，因此对地面的侵蚀作用也显得十分明显和强烈，常常形成各种冰蚀地貌。中国是世界上多冰川的国家之一，大小冰川共有43000多条，冰川覆盖面积有6万平方千米之多，占亚洲冰川总量的1/2以上，而且还是世界上最早直接利用冰川为人类服务的国家之一。早在唐代，人们就利用祁连山的冰川融水，使著名的"丝绸之路"上的敦煌成为一个绿洲城市。

各拉丹东冰川

各拉丹东冰川位于格尔木市唐古拉山乡境内。各拉丹冬，藏语意为"高高尖尖的山峰"，海拔6620米，有南北两条呈半弧形的大冰川，南支冰川长12.8千米，宽1.6千米，冰川尾部有2千米的冰塔林。这高耸入云的冰雪山体和晶莹皎洁的大冰川，是万里长江的源泉。冰塔林中，有高高耸起的冰柱，有玲珑剔透的冰笋，有形如彩虹的冰桥，有神秘莫测的冰洞，还有银雕玉琢的冰斗、冰舌、冰湖、冰沟……神工鬼斧，冰清玉洁，是一座奇美无比的艺术长廊；周围是优良的天然草场，有藏野牛、藏野驴、藏羚、雪鸡等珍禽异兽，是探险旅游、登山、猎奇、科学考察的理想之地。

峡　湾

峡湾是冰川侵蚀而成的狭窄海湾。巨大冰川的底部拖曳着坚硬的碎屑物质，随着不断地向前移动，碎屑物质越来越多，越来越大，像锋利的刨刀一样把坚硬的岩石切割出深深的槽谷。在入海的地方，当冰川消退之后，海水便进入这些槽谷，就形成了峡湾。峡湾一般两壁很陡峭，底部很深，它

松恩峡湾

们大多分布在西北欧，其中挪威沿海的峡湾发育得最完好、最典型，如松恩峡湾长达183千米，海水最深有1245米。狭长的峡湾能深入陆地，由于两岸陡峭，海水很深，峡湾内往往风平浪静，成为优良的港湾，供船舶停泊。挪威是世界上峡湾最多的国家，有这样得天独厚的条件，所以它的航运事业盛名于天下。

冰塔林

冰塔林是冰川表面系列的塔形冰柱。它是由于冰川的差别消融而形成的。

各拉丹东的冰塔林

例如在珠穆朗玛峰的北坡，巨大的冰川在重力作用下，沿着山谷向下移动；由于地表的凹凸不平，使下滑的冰川产生了褶皱和裂隙，向着太阳的一面由于受热较多，消融得较快，而背着太阳的一面，受到的热量较少，消融得较慢，于是在表面就形成了许多沟壑和小冰茅。随着冰川的陆续下滑，

突起的部分变得更尖，凹下的部分变得更深，最后就出现了一个千姿百态、光怪陆离的冰塔林。当你走进冰塔林，就好像来到了一个水晶世界，那瑰丽的"宫殿"、座座"宝塔"显得格外的晶莹剔透，在阳光的照耀下，洁净闪耀，宛如一柄柄利剑直刺蓝天；而当夕阳西下时，落日的余晖又将塔顶染成一片金黄，像镀了一层金似的，显得肃穆庄严。

冰蘑菇

冰蘑菇是顶上有石块，形状像蘑菇一样的冰柱，它是冰川地区的独特地

珠峰北坡的冰蘑菇

貌。冰川在向下移动的过程中，会慢慢消融，但是在局部冰川的表面覆盖有石块等物质时，石块遮挡了阳光，使石块下面的冰川受到的热量大大减少，消融得较慢；而四周无覆盖物的冰川，由于受到的阳光较多，冰川的消融速度快，最后就使被石块遮挡的部分冰川残留在地表之上，成为孤零零的冰蘑菇。中国青藏高原有冰川分布的地区，常见到这种冰蘑菇。

冰 盖

冰盖是覆盖整个大陆或大陆大部分陆地的冰层。目前南极洲就有一个大冰盖，面积约 1400 万平方千米，比南极洲陆地面积略大一点。大约在 1200 万年前，南极大陆西部琼斯山区出现冰川，后来扩大到罗斯海，继而冰川覆盖了整个南极大陆，成为冰盖。如果南极冰盖全部融化，世界海平面要上升 62 米。这里平均气温 −55℃ ～ −57℃，最低 −88.3℃，最冷为 7 月份，最热为 1 月份，但也在 0℃ 以下。南极冰盖景观奇特，有的冰沿着冰盖上的凹地慢

慢流动便形成冰川，世界上最长的冰川就是这里的兰伯特冰川，长514千米，宽64千米，比世界上任何河流都宽，像河流一样载着巨量的冰缓慢地流动。冰川还是大自然的雕塑家，使冰川两侧的冰盖上形成了不少冰洞、冰钟乳、冰笋和冰柱等，像桂林山水一样成为奇特的风光。

冰　山

　　冰山是漂浮在海洋中的巨大冰块，露出水面的高度一般都在5米以上，有的可高达几十米，长度一般为几百米至几万米。冰山在北大西洋与北冰洋之间最为常见，那儿的冰山都是由北冰洋漂来的，有的吹上了泥土，长了草；由于它不断移动，人们误认为是会移动的岛，称为幽灵岛。冰山对航

冰　山

运和海洋资源开发设施有很大的威胁，在北大西洋纽芬兰附近，每年3～7月冰山最多，发生过许多冰山撞击航船的悲惨事件。为了确保航运安全，自1973年起，美国和加拿大等国组织了国际冰山巡逻队，用飞机、无线电、雷达等侦察、报告冰山的地点和活动情况，发布冰山警报。人们还利用卫星、遥感技术等大范围地监视和预报冰山的活动。

　　1956年美国的"冰川"号破冰船在南太平洋发现的一座冰山可称得上是"冰山之王"。这座冰山长约335千米，宽约97千米，它的面积比欧洲的比利时的面积还大。最近从南极大陆游离出来的一座冰山也十分可观，长约160千米，宽约40千米，比中国第三大岛——崇明岛的5个总面积还要多。如果把这座冰山拖到美国洛杉矶，冰山全部融化的水可供洛杉矶全市2000年的用水。

大堡礁

大堡礁，是世界最大最长的珊瑚礁群，位于南半球，它纵贯于澳洲的东北沿海，北从托雷斯海峡，南到南回归线以南，绵延伸展共有 2011 千米，最宽处 161 千米。有 2900 个大小珊瑚礁岛，自然景观非常特殊。大堡礁的南端离海岸最远有 241 千米，北端较靠近，最近处离海岸仅 16 千米。在落潮时，部分的珊瑚礁露出水面形成珊瑚岛。在礁群与海岸之间是一条极方便的交通海路。风平浪静时，游船在此间通过，船下联绵不断的多彩、多形的珊瑚景色，就成为吸引世界各地游客来猎奇观赏的最佳海底奇观。

大堡礁是世界上最有活力和最完整的生态系统。但其平衡也最脆弱。如在某方面受到威胁，对整个系统将是一种灾难。大堡礁禁得住大风大浪的袭击，当 21 世纪来临之际，它最大的危险却来自现代的人类，土著在此渔猎已数个世纪，但是没有对大堡礁造成破坏。20 世纪，由于开采鸟粪，大量捕鱼捕鲸，进行大规模的海参贸易和捕捞珠贝等，已经使大堡礁伤痕累累。

1975 年澳大利亚政府颁布大堡礁海洋公园法，提出建立、控制、保护和发展海洋公园，其中涵盖了大堡礁 98.5% 的区域范围，海洋公园的建立不仅对保护当地文化起到重要作用，而且与当地土著居民的生活息息相关。1981年整个区域被划定在世界遗产名录中。

喀斯特地貌与风蚀地貌

喀斯特地貌是石灰岩地区长期被流水溶解、侵蚀而形成的一种地貌，因为在南斯拉夫西北部的喀斯特高原发育得比较典型，所以得名。喀斯特地貌多种多样，在地表往往崎岖不平，岩石嶙峋，奇峰林立，多石芽、石林、溶洞、漏斗、峰林等形态；而在地下则发育着溶洞、地下河等，在溶洞内有石笋、钟乳石和石柱等。中国是世界上喀斯特地貌分布最广、发育较典型的国家，几乎每个省、自治区都有分布，喀斯特地貌分布的面积约占全国总面积的 1/8 左右；单西南地区喀斯特地貌的分布面积就相当于整个法国的面积。中国还是世界上对喀斯特地貌进行描述和系统分类最早的国家。明代地理学家徐霞客对喀斯特地貌的描述和记载，要比欧洲早 150 多年。

喀斯特地貌

风蚀地貌是由于风力作用而形成的地貌。风本身没有多大的侵蚀力，但是风力扬起的沙粒、碎屑等物质，不断地击打着地表，那些薄弱的地方就不断地被侵蚀掉，于是形成了如风蚀洼地、风蚀蘑菇、风蚀谷等风蚀地貌。沙粒等被风挟带着不断搬运走，在风力变小的地方便停了下来，堆积成沙丘、沙漠等风积地貌。风蚀地貌和风积地貌都属于风成地貌。在干旱地区，降水量比蒸发量少，由于严重缺水，植物稀少，地表只能裸露在外，所以风力作用就显得很强大，风蚀地貌也就比较常见。中国西北地区属大陆性干旱气候，所以那里风蚀地貌较多，大到沙漠，小到风蚀蘑菇都可以见到。

风蚀地貌

溶 洞

溶洞是因地下水对石灰岩的溶蚀作用而开拓出来的地下岩洞。在发育较好的溶洞里，常可见到千姿百态、琳琅满目的钟乳石、石笋、石柱、地下河道等。溶洞的大小不一，大的溶洞可有容纳数千人的高大厅堂。在一些大的溶洞内，往往有好几个"大厅"。广西桂林的七星岩就有 6 个"大厅"，最宽处达 70 米，最高达 75 米；马来西亚在加里曼丹岛上的国立穆卢公园内有世界上最大的地下溶洞，其面积足有 16 个足球场大小。如果是地壳间断上升，溶洞也可分层分布。如江苏宜光的善卷洞就分上、中、下 3 层；美国肯塔基州的猛犸洞，共由 255 条地下通道组成，全洞共分 5 层，上、下、左、右均相通，构成一个庞大的岩洞系统。世界最深的溶洞是法国位于阿尔卑斯山中的让·贝尔纳尔溶洞，深达 1491 米。溶洞一般曲折幽深，像一座座扑朔迷离的地下迷宫。由于溶洞形态独特，多辟为观光旅游区。

美国肯塔基州的猛犸洞

钟乳石

钟乳石又叫"石钟乳"，是溶洞顶部向下生长的一种碳酸钙沉积物。在石灰岩溶洞中，当地下水顺着溶洞顶部的裂隙向下渗透下滴时，由于温度和压力的变化，溶于水中的碳酸钙便沉淀下来。开始只是附在洞顶上突起的小小疙瘩，随着沉积物自洞顶向下延伸，下垂的碳酸钙沉淀物的外形就成为钟状或乳房状，好像我们在冬天所见到屋檐下垂着的冰柱一样。钟乳石一般独立下垂，也有和溶洞洞壁结合为一体的。钟乳石形态各异，有的如宫灯悬挂，有的如飞瀑下泻。目前世界上最长的钟乳石是在爱尔兰的波尔洞中，钟乳石下垂的长度达 11.6 米；而与洞壁相连的钟乳石，最长的是在西班牙的一个溶洞中，其长度有 59 米。

钟乳石

石　笋

石笋是溶洞底部随上生长的一种碳酸钙沉积物。在石灰岩溶洞中，由于流水对石灰岩的溶蚀，当含有碳酸钙的水滴下滴后，水中的碳酸钙便在洞底逐渐沉淀下来，经过长期的沉积，慢慢地越积越高，好像是春天从地下冒出来的竹笋一样，所以得名。和钟乳石不同的是，钟乳石向下伸延，而石笋则向上生长，一般是钟乳石和石笋上下相对地分布，一个挂在洞顶，一个矗立于地表。目前世界上最高的石笋位于古巴的马丁山洞中，高达 63.2 米，底宽 134 米。

石　笋

石 柱

石柱是溶洞中由于碳酸钙沉积而形成的柱子。洞中先有了钟乳石和石笋，

江苏宜兴善卷洞内的砥柱央

它们一般上下对应着，随着不断地沉积，钟乳石越伸越长，而石笋越长越高，最后便连在一起，形成石柱。石柱在洞中顶天立地，像是支撑着大厦的顶梁柱；碳酸钙在石柱表面形成各种各样的形状，像是在柱子表面雕琢出的奇花异草，飞禽走兽。它们错落分布在溶洞中，使本来就奇特的深洞变得更加神奇，变幻莫测。江苏宜兴善卷洞洞口有一个石柱叫砥柱央，像是擎天大柱支撑着洞顶；洞中还有一个石柱，表面像是熊猫在爬树，栩栩如生，憨态可掬。贵州镇宁犀牛洞内有一个石柱高达 27 米以上，高耸挺拔，令人赞叹不已。

石 林

石林是陡峭的石峰林立在地表的一种喀斯特地貌。石灰岩地层由于受地壳运动等影响，产生了不少裂缝，当含酸的水渗入这些裂缝后，通过溶蚀等作用，使裂缝不断扩大而成为沟、谷，随着溶蚀作用的继续扩大，裂缝之间只留下陡峭的岩石，这样，便形成了石林。最著名的是中国云

云南石林

南路南石林。这里一峰一姿、一石一态，显得神奇美妙，变幻万千。有的酷似飞禽走兽，如"双鸟渡食"、"凤凰梳翅"；有的是危岩欲坠，令胆小游客不敢迈步，如"千钧一发"；而最有名的是身背背篓、亭亭玉立的撒尼族姑娘"阿诗玛"。无数游人被路南石林的神奇壮观所倾倒，把她誉为"天下第一奇观"。

峰　林

峰林是石灰岩广泛分布的地区在长期流水的溶蚀、侵蚀等作用下，不断分割地表而形成的一系列奇特而挺拔的山峰。峰林的坡度较陡，其规模要比石林大，高度可超过100米，山体内部常有溶洞、地下河等；主要发育在热带和亚热带季风区的石灰岩分布地区。峰林的山峰形态奇特而俊美，生动有趣，以中国广西的桂

桂林七星山

林、阳朔一带发育最为典型。如桂林的独秀峰平地拔起，巍巍如"南天一柱"；伏波山卧伏江边，大有回澜伏波之势；七星山七峰连绵，宛如苍穹七斗；叠彩山如彩锦堆叠，翠屏相间；象鼻山酷似巨象在饱饮江水；骆驼山则如长途跋涉的骆驼在途中小憩；望郎山形如昂首盼郎远归的少妇；九马画山正看如九马嬉戏，侧看则像伏枥老骥……真是美不胜收，给人以遐想，给人以美的享受。

风蚀蘑菇

风蚀蘑菇是外形为上粗下细如同蘑菇状的独特的风蚀地貌。在干旱的沙漠地区，有一些孤立的岩石或水平裂缝较多的岩石，在岩石的近地面部分，

风蚀蘑菇

由于风所挟带的沙粒多，而且粗，对岩石的磨蚀就十分强烈；而在岩石的上半部，由于风所挟带的沙粒少，而且细，对岩石的磨蚀力量就相对小得多。特别是对于下部比上部松软的岩石来说，通过风的磨蚀作用，更容易形成上部大、下部小的形如蘑菇状的地貌了。在中国新疆塔克拉玛干沙漠西部有十分典型的风蚀蘑菇，在茫茫的沙漠中，远远望去，犹如是沙海中长出来的高大蘑菇，不但点缀了单调的沙漠，而且气势不凡，还颇为壮观呢！

雅 丹

雅丹是由风蚀垄脊、沟槽和洼地形成的一种风蚀地貌。中国新疆罗布泊地区的雅丹地貌最典型。在干旱地区，地表容易产生裂缝，定向的大风沿着这些裂缝乘虚而入，就像一把巨大的梳子一样，不断地把疏松的部分梳掉，使裂缝变得越来越大，成为沟槽和洼地；而不易侵蚀的部分就留了下来，

甘肃雅丹地貌

成了沟槽和沟槽之间的垄脊，于是就形成了雅丹地貌。雅丹是维吾尔语，原意为"具有陡壁的小丘"。在19世纪末和20世纪初，一些中外科学家在罗布泊一带考察，看到这里大面积的土丘和洼地相间分布的地表形态，就称呼它为"雅丹"，后来便成为专用名词了。

 知识点

我国的喀斯特地貌主要分布区

我国的喀斯特地貌主要分布于西南地区。喀斯特地貌形成石灰岩地区地下水长期溶蚀的结果。石灰岩的主要成分是碳酸钙，在有水和二氧化碳时发生化学反应生成碳酸氢钙，后者可溶于水，于是空洞形成并逐步扩大。这种现象在克罗地亚伊斯的利亚半岛北部的喀斯特高原上最为典型，所以常把石灰岩地区的这种地形笼统地称之喀斯特地貌。

可溶性岩石是喀斯特地貌形成的根本条件，我国西南地区之所以喀斯特地貌分布广泛，最主要的是这里有其发育的主体。我国西南地区气候湿润，降水量大，地表径流相对稳定，流水下渗作用连续，并且降水使流水得以更新和有效补充。因此岩溶作用得以延续进行。大量的碳酸盐岩、硫酸盐岩和卤化盐岩在流水的不断溶蚀作用下，在地表和地下形成了各种奇特的喀斯特景观。

重力地貌与熔岩流地貌

重力地貌是主要由于重力作用使斜坡上的岩体和土体等发生显著位移而形成的地貌。在形成的过程中常常出现崩塌、滑坡和泥石流等现象，但不管哪种现象，它们持续的时间都较短，而且来得都十分突然，不但速度快，而且破坏力强，具有很大的危害性，对经济建设、交通运输和人民生命

熔岩流地貌

安全等都产生很大影响。在形成重力地貌的过程中，重力作用和水分活动同时产生影响，在较陡的坡面上，重力作用较重要；而在坡面较缓的地方，水分活动较为活跃。

德干高原

火山喷溢出的熔岩，能塑造各种各样的熔岩地貌，除了前面提到的熔岩隧道外，还有石铸的高原、火山穹窿、熔岩滴丘、针峰、熔岩瀑布，熔岩石林和翻花石等等。火山喷发出的熔岩、火山灰、火山弹和其他物质，在喷发不久就开始堆砌，塑造出各种火山地貌形象。火口周围和邻近地区，由粗大块体和熔岩堆凿而成。在熔岩和灰渣流过的地段，受到原始地形的影响，则造就了不同的形态。随风远距离飘落的火山灰，为大地涂抹了淡淡的色彩。

各种火山地貌雕塑成形后，随着时间的流逝，还会受到刮风、降雨、海浪和潮汐的改造和加工。这些外来力量，既能摧毁火山原有的容貌，又能剥开火山地貌的外衣，展露其某些内部的秘密，比如熔岩隧道和喷发通道等等。

熔岩流地貌是火山活动塑造的最绚丽多彩的景观，而熔岩铸成的高原就是规模最大的一种熔岩流地貌。那种粘性小的炽热岩浆，在平坦的地势条件下，沿着地裂大规模地连续喷溢，往往会形成地球上最大的火山体；但它不是锥形体，而是铺盖在地表，总面积不下数百万平方千米。印度的德干高原是陆地上最大的玄武岩高原，面积约 52 万平方千米。美国的哥伦比亚河高原，也由玄武岩构成，面积逾 12 万平方千米，最厚处达 3000 多米。我国的内蒙古也有熔岩高原，只是规模小些。

泥石流

泥石流是大量的泥沙、石块等固体物质，在重力和水的作用下，沿着斜坡或沟谷所发生的突然、快速地流动现象。它能破坏交通，掩埋农田和村庄。丰富松散的堆积物、较陡的坡面和特大的雨水（包括冰川融水）等，是形成泥石流的基本条件。由于爆发突然，来势凶猛，加上时间短

泥石流

暂，因此具有很大的破坏力。1987 年 6 月，中国四川省得荣县在半小时大雨后，曾发生了百年来的最大的泥石流。汹涌的洪水挟带着巨石和泥沙以 15 米/秒的速度向县城扑去。下泄的泥石流"龙头"高达 3 米，飞溅的泥石达上百米高，在急速下泄的过程中，每隔 10 秒钟就有一次大的冲浪，前后持续时间长达 40 分钟。但由于防范得当，县城安然无恙，人员也无伤亡。

滑　坡

滑坡是斜坡上的岩体、土体等，在重力作用下，沿着坡面整体滑动的现象，也是一种自然灾害。和泥石流相比，滑坡的速度一般相对较慢，只有在多雨的季节，滑坡的速度才明显加快。1983 年 3 月 7 日，中国甘肃省东乡族自治县曾发生了一起较大的滑坡，下滑速

重庆武隆山体滑坡

度高达30米/秒，掩埋了3个村庄。1989年7月发生在四川省华蓥市溪口镇的滑坡，使200多人丧生。有趣的是，1989年发生在四川省的一次滑坡中，使约10亩种有玉米、黄豆的上地完整地滑出了120米，而且土地上的庄稼完好无损。更奇的是，在滑行过程中没有留下半点泥土和石块，这是一种罕见的快速整体滑坡。

崩　塌

崩塌是陡峭的斜坡上的大块岩体、土体等物质，在重力作用下发生快速

崩　塌

崩落的现象。这些岩体、土体等物质往往有较多的裂缝，再加上强烈的风化、水流侵蚀或地震等原因，就会发生崩塌。崩塌后在坡脚会形成倒石堆或岩屑堆。规模巨大的崩塌叫做山崩。山崩的破坏力很大，常常会毁坏森林、建筑物和村镇等，还会堵塞河流或交通线，给人民生活带来危害，必须加以防治。

熔岩丘

熔岩流溢出地表冷却成的圆形或椭圆形小丘，高几米到十几米，长几十米。地壳内熔岩流有较大的静压力，常沿裂隙冲出地面，或在封闭熔岩壳下随巨大气泡的气体外溢、鼓胀形成熔岩丘。

熔岩丘

熔岩垅岗

熔岩垅岗是熔岩流沿地表流动冷却形成的长条形垅岗，长几千米或几十千米，宽几十米至几百米；横剖面呈凸透镜体状，中部微凸，两侧缓倾。许多熔岩垅岗构成熔岩丘陵。

熔岩盖

熔岩盖是熔岩流在地形平缓地区从中心向四周流动冷却成的宽广原野。熔岩流像水流一样，从高处流向低处。如果熔岩流到一个洼地里，就汇成熔岩湖；流经陡坎，就形成熔岩瀑布。

夏威夷基拉韦亚火山熔岩流

熔岩隧道

熔岩隧道是熔岩内部的窄长通道。熔岩表面冷却很快，当熔岩流还在流动时，熔岩外表已固结成壳，由于凝固的熔岩导热性非常小，熔岩流内部能长久地保持高温，使熔岩里未凝固的液体熔岩流到较低部位，于是在熔岩内形成空洞，成为熔岩隧道。熔岩隧道顶部崩坍后，熔岩表面就可能形成圆形或椭圆形的凹陷。

熔岩隧道

熔岩堰塞湖

熔岩流到河谷内，阻塞河道使上游河谷积水成湖，称为熔岩堰塞湖。如中国牡丹江上游的镜泊湖。

美丽的镜泊湖

 **知识点**

甘肃舟曲特大泥石流

2010 年 8 月 7 日 22 时许，甘南藏族自治州舟曲县突降强降雨，县城北面的罗家峪、三眼峪泥石流下泄，由北向南冲向县城，造成沿河房屋被冲毁，泥石流阻断白龙江、形成堰塞湖。据中国舟曲灾区指挥部消息，截至 28 日，舟曲特大山洪泥石流灾害造成 1463 人遇难，失踪 302 人，受伤住院人数 72 人，累计门诊治疗 2244 人，已解救 1243 人。

据央视报道，舟曲县内 2/3 区域已被水淹没，记者现场目击县城部分街道一片汪洋，街道浸泡在洪水中。灾害还导致甘肃省舟曲县超过 2/3 的区域供电全部中断，通信基站也受损严重，部分没有受损的基站供电中断，靠蓄电池供电传输信号。舟曲县当地的 5 个小水电站为县城供电的主电源，受强降雨导致的泥石流影响，这 5 个小水电站当时均无法工作。

按照泥石流规模大小划分，一次泥石流固体物质总量大于 100 万立方米的泥石流，属于特大型泥石流。根据目前调查，此次舟曲泥石流堆积物初步估计有 180 万立方米，应该属于特大泥石流灾害。这也是我国近几十年来造成伤亡最大的泥石流灾害。

冻土地貌与丹霞地貌

在高纬地区及中纬度高山地区，如果处于较强的大陆性气候条件下，地温常处于 0℃ 以下，降水少，大部又渗入土层中，不能积水成冰，而土层的上部常发生周期性的冻融，在冰劈、冻胀、融陷、融冻泥流（统称冻融作用）的作用下而产生的特殊地貌，称冻土地貌。

基岩经过剧烈的冻融崩解，产生一大片巨石角砾，就地堆积在平坦地面上，称石海；若在重力作用下顺着湿润的碎屑垫面或多年冻土层顶发生整体运动，就形成石河。石河的运动速度很小，通常年运动速度 0.2～2 米，运动的结果使岩块搬运到山麓堆积下来。

冻土地貌

构造土是指由松散沉积物组成的地表，因冻裂作用和冻融分选作用而形成网格式地面，每一个网眼都呈近似对称的几何形态，如环状、多边形。

冻胀丘是由于地下水受冻结地面和下部多年冻土层的遏阻，在薄弱地带冻结膨胀，使地表变形隆起，称冻胀丘。冰锥是在寒冷季节流出封冻地表和冰面的地下水或河水冻结后形成丘状隆起的冰体。

丹霞地貌发育始于第三纪晚期的喜马拉雅造山运动。这次运动使部分红色地层发生倾斜和舒缓褶曲，并使红色盆地抬升，形成外流区。流水向盆地中部低洼处集中，沿岩层垂直节理进行侵蚀，形成两壁直立的深沟，称为巷谷。巷谷崖麓的崩积物在流水不能全部搬走时，形成坡度较缓的崩积锥。随着沟壁的崩塌后退，崩积锥不断向上增长，覆盖基岩面的范围也不断扩大，崩积锥下部基岩形成一个和崩积锥倾斜方向一致的缓坡。崖面的崩塌后退还使山顶面范围逐渐缩小，形成堡状残峰、石墙或石柱等地貌。随着进一步的侵蚀，残峰、石墙和石柱也将消失，形成缓坡丘陵。在红色砂砾岩层中有不少石灰岩砾石和碳酸钙胶结物。碳酸钙被水溶解后常形成一些溶沟、石芽和溶洞，或者形成薄层的钙化沉积，甚至发育有石钟乳，沿节理交汇处还发育有漏斗。在砂岩中，因有交错层理所形成锦绣般的地形，称为锦石。河流深切的岩层，可形成顶部平齐、四壁陡峭的方山，或被切割成各种各样的奇峰，有直立的、堡垒状的、宝塔状的等。在岩层倾角较大的地区，则侵蚀形成起伏如龙的单斜山脊；多个单斜山脊相邻，称为单斜峰群。岩层沿垂直节理发生大面积崩塌，则形成高大、壮观的陡崖坡；陡崖坡沿某组主要节理的走向发育，形成高大的石墙；石墙的蚀穿形成石窗；石窗进一步扩大，变成石桥。各岩块之间常形成狭陡的巷谷，其岩壁因红色而名为"赤壁"，壁上常发育有沿层面的岩洞。

丹霞地貌主要分布在中国、美国西部、中欧和澳大利亚等地，以中国分布最广。其中又以广东丹霞山面积最大，发育最典型、类型最齐全、形态最丰富、风景最优美。

丹霞地貌

我国的冻土地貌

在高纬地区及中纬度高山地区，如果处于较强的大陆性气候条件下，地温常处于 0℃ 以下，降水少，大部又渗入土层中，不能积水成冰，而土层的上部常发生周期性的冻融，在冰劈、冻胀、融陷、融冻泥流（统称冻融作用）的作用下而产生的特殊地貌，称冻土地貌。

我国冻土地貌分布图

中国多年冻土分布在青藏高原、西北高山和东北北部山区，总面积达 215 万平方米。青藏高原的昆仑山和唐古拉山地是大陆性气候，气温低而变化剧烈，干湿状况中等，冻融作用较强烈，是冻土地貌发育地带。

青藏高原的冻土地貌

在"冷极"五道梁以北青藏公路 62 号道班附近发现有长达 140 米、宽 45 米、高 18 米的大冰丘。西部高山地带冻融机械风化作用形成的冰缘地貌石海、石河等发育典型，如昆仑山西大滩花岗岩山顶和喜马拉雅山珠峰地区片麻岩山顶地区石海中布满了冻融作用破碎并翻动过的巨大岩块，岩块就近聚集于沟谷，形成石河。

中国的地貌
ZHONGGUO DE DIMAO

　　中国地貌种类的多样、典型，是世界其他国家难以相比的。具体来说，中国境内不仅有常见的构造地貌、河流地貌、海岸地貌，而且有现代冰川和古代冰川作用遗迹、冻土和冰缘作用现象、沙漠和戈壁等；还有在一定气候条件下，反映特殊岩性的石灰岩地貌和黄土地貌。

　　中国大陆西高东低，自西向东形成三大阶梯下降。第一级阶梯是青藏高原，高原面海拔多在 4000～5000 米，其上耸峙多座海拔超出 7000 米，甚至 8000 米的山峰，享有"世界屋脊"之称。第二级阶梯是青藏高原的北缘与东缘到大兴安岭、太行山、巫山、雪峰山之间，包括了若干高原和盆地，盆地底部高低不一，高原面海拔多在 1000～2000 米。第三级阶梯是更东的低山丘陵和大平原，山丘海拔多在千米以下，平原一般不超过 200 米。有人认为这一级阶梯也包括沿海大陆架，其水深通常在 200 米以内。亦有人将沿海大陆架区分出来，称为第四级阶梯。

　　以贺兰山、六盘山、龙门山、哀牢山为界，可将中国分为东西两部，中国西部，从新疆吐鲁番盆地底部的艾丁湖湖面（－154 米）到中国和尼泊尔边界的珠穆朗玛峰（海拔 8844.43 米），高差可达 9000 米；东部从海滨平原到秦岭的太白山（海拔 3767 米）或台湾省的雪山（海拔 3884 米），高差不到 4000 米。两者地势高差和倾斜方向均不相同，特点各异。

中国地貌的基本特征

地势西高东低，呈阶梯状分布

我国地势西高东低，自西向东逐级下降，形成一个层层降低的阶梯状斜面，成为我国地貌总轮廓的显著特征。

青藏高原雄踞我国西部，海拔平均达4000~5000米，是我国最高的一级地形阶梯。高原周围耸立着一系列高大的山脉，南侧是世界最高的喜马拉雅山，海拔平均在6000米以上，超过8000米的高峰有7座，以世界最高的珠穆朗玛峰著称。高原北侧有昆仑山、阿尔金山和祁连山分布，东边有岷山和横断山等排列，地势以巨大落差降低与第二级地形阶梯相接。

中国地形分布图

高原内部分布着一系列近东西走向或北西—南东走向的山脉，海拔均在5000~6000米以上，主要有可可西里山、巴颜喀拉山、唐古拉山、冈底斯山、念青唐古拉山等。在这些山脉之间，分布着地表起伏平缓、面积广阔的高原和盆地，并有星罗棋布的湖泊；高原边缘地带为长江、黄河等亚洲著名的大河发源地。山巅白雪皑皑，高原上牧草如茵，湖光山色，交相辉映。

青藏高原外缘以北、以东，地势显著降低，东以大兴安岭、太行山、巫山、雪峰山一线为界，构成我国第二级地形阶梯，主要由广阔的高原和盆地组成，其间也分布着一系列高大山地。与青藏高原西北部毗邻的是我国最大的塔里木盆地，海拔1000米左右；再往北是准噶尔盆地；海拔多在500米左右；两大盆地之间耸立着东西走向的天山山地，海拔 4000 ~ 5000 米，部分山峰高逾 6000 米，山地内部还分布许多断陷盆地。高原东北侧与祁连山北麓相接的是河西走廊和阿拉善高原，海拔在 1000 ~ 1500 米之间。这些盆地和高原由于深居内陆，干燥少雨，盆地中戈壁、沙漠广布；河渠沿线，绿洲农业，断续分布，高山之巅，冰雪晶莹。青藏高原东缘以东的第二级地形阶梯上，自北而南分布着内蒙古高原、鄂尔多斯高原、黄土高原和云贵高原，海拔 1000 ~ 2000 米不等。由于地表组成物质和内、外营力的不同，使地表形态差别极为显著，有的地势起伏和缓，牧草丛生；有的荒漠广布，沙丘累累；有的沟壑纵横，梁峁遍布；有的坝子众多，喀斯特地貌分布广泛。高原上的山地很多，如阴山、六盘山、吕梁山、秦岭、大巴山、大娄山、武陵山、苗岭等，海拔大多在 1500 ~ 2500 米之间，少数高峰达 3000 米以上。四川盆地海拔较低，大部分在 500 米以下。

在第二级地形阶梯边缘的大兴安岭至雪峰山一线以东，是第三级地形阶梯，主要以平原、丘陵和低山地貌为主。自北而南分布着东北平原、华北平原和长江中下游平原，海拔多在 200 米以下。这里地势低平，沃野千里，是我国最重要的农业基地和人口、城镇、村落密集，工业基础雄厚，交通方便的经济区。长江以南为低山丘陵，广大地区海拔不超过 500 米，地面起伏不平，平坦的河谷平原、盆地与低缓的丘陵、低矮断续相连的低山交错分布。在这些平原、低山丘陵以东，还有一列北北东走向的山脉——长白山、千山、鲁中山地，以及浙闽沿海的仙霞岭、武夷山、戴云山等，海拔多在 500 ~ 1500 米之间，虽然绝对高度不大，但从低海拔的平原和谷地仰望山峦，也颇为巍峨。在海岸线以东，为宽阔的大陆架浅海，是大陆向海洋平缓延伸的部分，水深在 100 ~ 200 米，宽 400 ~ 600 千米，为重要渔场，并蕴藏丰富的石油资源。在大陆架上，岛屿星罗棋布，以台湾岛和海南岛最有名。

山脉众多，起伏显著

我国是一个多山的国家，山地占全国总面积的 1/3。从最西的帕米尔高原到东部的沿海地带，从最北的黑龙江畔到南海之滨，大大小小的山脉纵横交错，构成了我国地貌的骨架，控制着地貌形态类型空间分布的格局。如果把分割的高原、盆地中崎岖不平的山地性高原、丘陵性高原、方山丘陵性盆地包括在内，连同起伏和缓的丘陵合计来算，广义的山地约占全国陆地总面积的65%。

我国山脉虽然纵横交错，分布范围广泛，但其分布具有一定的规律性，不仅是构成宏观地貌分布格局的骨架，而且也是重要的地理分界线。根据走向，我国山脉可以分为以下几种类型：

（1）南北走向的山脉，位于我国的中部地区，自北而南主要有贺兰山、六盘山以及著名的横断山脉等。川西、滇北的横断山脉由一系列平行的岭谷相间的高山和深谷所组成，主要有邛崃山、大雪山、沙鲁里山、宁静山、怒山、高黎贡山等，海拔大多在4000米以上。山脉之间夹峙着大渡河、雅砻江、金沙江、澜沧江、怒江等的大河，河谷深切，形成高差显著的平行岭谷地貌。这一南北纵列的山脉，把全国分成东、西两大部分。西部多为海拔超过3500米的高山和高逾5000米的极高山，如喜马拉雅山、冈底斯山、昆仑山、祁连山、天山等，山脉主要为北西走向；东部多为海拔低于3500米以下的中山和低山，以东北走向为主，如大兴安岭、太行山、雪峰山、长白山、武夷山等，仅台湾玉山主峰和秦岭太白山海拔超过3500米。

（2）东西走向的山脉主要有三列：最北的一列是天山和阴山，大致展布于北纬40°～43°之间。天山横亘于新疆中部，长1500千米，南北宽约250～300千米。中间的一列大致位于北纬33°～35°之间，西部为昆仑山，中部为秦岭，东延到淮阳山。最南的一列是南岭，大致位于北纬25°～26°之间。

这三列东西走向的山脉，距离大致相等，相距各约8个纬度，具有明显的等距性。西部的昆仑山、天山，海拔高度多在4000～5000米以上，成为青藏高原、塔里木盆地、准噶尔盆地之间的天然分界。东部的阴山、秦岭海拔1000～2000米左右，南岭仅1000米上下，也反映了西高东低的总趋势。由于我国东部总的地势较低，这些山脉仍显得高峻挺拔，都是我国地理上的重要界线。如阴山构成了内蒙古高原的边缘，秦岭是黄河与长江、淮河之间的分水岭，更是区分我国南方与北方的重要自然地理界线。南岭虽然山体比较破碎零乱，海拔高度也不大，但它不仅是长江与珠江的分水岭，而且也是华中与华南区的分界，同样具有自然地理上的重要意义。

（3）北西走向的山脉主要分布在我国的西半壁，主要有阿尔泰山、祁连山、喀喇昆仑山、可可西里山、唐古拉山、冈底斯山、念青唐古拉山等。青藏高原南侧的喜马拉雅山，在西段也为北西走向，向东逐渐转为东西向，表现为向南突出的弧形山脉。这些山脉大都山势高峻，气候严寒，普遍有现代冰川发育。

（4）北东走向的山脉主要分布在东部，自西向东分为西列、东列与外列。西列包括大兴安岭、太行山、巫山、武陵山、雪峰山等。东列北起长白山，经千山、鲁中低山丘陵到武夷山。外列分布在大陆外侧的台湾岛上，山地占全岛面积的 2/3，3000 米以上的山峰有 62 座，主峰玉山海拔 3997 米，不仅是台湾第一高峰，而且也是我国东部最高的山峰。

上述众多的山脉，纵横交织，把中国大地分隔成许多网格，镶嵌于这些网格中的分别是高原、盆地、平原和海盆，从而构成我国地貌网格状分布的格局。

地貌类型复杂多样

我国地域辽阔，地质构造、地表组成物质及气候水文条件都很复杂，按地貌形态区分可分为山地、高原、丘陵、盆地、平原五大基本类型。其中以山地和高原的面积最广，分别占全国面积的 33% 和 26%；其次是盆地，占 19%；丘陵和平原占的比例都较少，分别为 10% 和 12%。在纵横交错形成我国网格状格局骨架的山地中，有四大高原、四大盆地、三大平原镶嵌于这些网格之中。

中国地貌的类型

四大高原

青藏高原、内蒙古高原、黄土高原和云贵高原是我国的四大高原。

青藏高原位于南侧的喜马拉雅山与北面的昆仑山、阿尔金山、祁连山之间以及岷山—邛崃山—锦屏山以西的大网格之中，是全国面积最大、海拔最高的高原。内蒙古高原、黄土高原和云贵高原均分布在第二级阶梯地形面上，受阴山、秦岭、大娄山及桂西北山地分隔，自北向南依次分布。由于地面组成物质和外营力因素的不同，高原地貌差别显著，形态各异。内蒙古高原偏处北部内陆，气候干燥少雨，流水作用弱，地表坦荡开阔，地形起伏和缓，是我国高原形态表现明显、高原面保存比较完整的高原。内蒙古高原向南与秦岭山脉之间为黄土高原。在第四纪冰期干寒气候条件下，黄土沉积旺盛，形成举世闻名的黄土高原，随着间冰期气候转向温湿，质地疏松的黄土经流水强烈侵蚀，使高原大部地区沟壑纵横、梁峁遍布。云贵高原的石灰岩分布范围广，气候暖湿，除滇中、滇东和黔西北尚保存着起伏较为和缓的高原面以外，大部地区为长江、珠江及元江等支流分割成崎岖不平的地表。石灰岩分布地区的喀斯特地貌齐全，发育完好。

云贵高原是我国西南部高原，在雪峰山以西，大娄山以南，哀牢山以东，包括云南省东部、贵州省全部、广西壮族自治区西部以及四川、湖南、湖北的边境地区；海拔 1000 ~ 2000 米，中、西部高，向北、东、南三个斜面倾斜。北部的乌江、沅江属长江水系，东部的北盘江、南盘江、柳江属

云贵高原

西江（珠江）水系，元江向西南流经越南（称江河）入北部湾。由于受河流切割，加以石灰岩溶蚀地貌广布，高原地貌比较破碎。贵州高原的乌蒙山、大娄山、苗岭等地地形崎岖，河流切穿处多形成峡谷。云南东部多断裂形成的山间盆地。贵州高原也有因溶蚀形成的湖盆，前者如滇池、抚仙湖等，后者如草海等。当地称山间盆地为"坝子"，是重要的农业地区。高原上山地丘

陵占面积的 90%；土层薄，尚有大面积宜林荒山；降水较多，宜发展杉木、马尾松、油桐、油茶等经济林木，矿产资源丰富。

内蒙古高原

内蒙古高原位于中国北部，是中国的第二大高原。内蒙古高原开阔坦荡，地面起伏和缓。从飞机上俯视高原就像烟波浩瀚的大海，古人称之为"瀚海"。高原上既有碧野千里的草原，也有沙浪滚滚的沙漠，是中国天然牧场和沙漠分布地区之一。

横贯中国内蒙古自治区的高原，位于大兴安岭以西，阴山及北山以北，马鬃山以东，北抵蒙古，包括内蒙古大部分地区及甘肃省的北部；海拔 1000～1500 米，地势起伏较缓，微向北部倾斜。其中锡林郭勒、乌兰察布高原地势较高，呼伦贝尔、乌珠穆沁、居延海盆地地势较低，蒙古语称为"塔拉"。内蒙古高原东部为草原，是中国的重要畜牧业基地；西部气候干燥，为干草原、荒漠草原与荒漠。向西沙漠面积增加，戈壁广布。

我国的黄土高原是世界最大的黄土高原，在中国中部偏北，包括太行山以西、秦岭以北、乌鞘岭以东、长城以南的广大地区；跨山西、陕西、甘肃、青海、宁夏及河南等

黄土高原

省区，面积约40万平方千米，海拔1000~1500米。除少数石质山地外，高原上覆盖深厚的黄土层，黄土厚度在50~80米之间，最厚达150~180米。黄土颗粒细，土质松软，含有丰富的矿物质养分，利于耕作，盆地和河谷农垦历史悠久，是中国古代文化的摇篮。但由于缺乏植被保护，加上夏雨集中，且多暴雨，在长期流水侵蚀下地面被分割得非常破碎，形成沟壑交错其间的塬、墚、峁。

四大盆地

塔里木盆地、准噶尔盆地、柴达木盆地、四川盆地是我国的四大盆地，均属于构造断陷区域。

柴达木盆地海拔最高，为2600~3000米，盆地四周为昆仑山、阿尔金山、祁连山所环抱，构造上属东昆仑褶皱系中的柴达木拗陷，面积20多万平方千米，为全国第三大盆地。盆地气候干燥，分布着许多盐湖和盐沼，盐矿资源品种繁多，储量丰富；有色金属、黑色金属、稀有金属资源和石油资

柴达木盆地

源等也都非常丰富。盆地日照长，光能资源丰足，农业单产高；河流沿岸，牧草肥美，畜牧业也占重要地位，故有"聚宝盆"之称。

塔里木盆地面积为53万平方千米，是我国最大的盆地。由于深处内陆腹地，又加高山环抱，地形封闭，气候极端干旱；植被稀疏，干燥剥蚀和风蚀、风积作用显著，分布着全国面积最大的塔克拉玛干大沙漠。从盆地边缘到盆地内部，地表组成物质和地貌形态呈环带状排列。环盆地边缘，受两侧高山冰雪融水滋润，分布着农业发达、人口集中的沃野绿洲，自古以来就

塔里木盆地地形图

是联系"丝绸之路"的重要通衢。

准噶尔盆地位于天山与阿尔泰山之间，面积38万平方千米，是我国第二大盆地，盆地中分布着我国第二大沙漠——古尔班通古特沙漠。因盆地西部山地不高，又有很多缺口，属半封闭型盆地，降水稍多，植被较密，主要为固定、半固定沙丘；草场广阔，畜牧业发达。盆地南缘受天山冰雪融水浇灌，绿洲农业发达，城镇集中。

四川盆地位于青藏高原以东、巫山以西，南北介于大娄山与大巴山之间，四周山地环抱，盆地形态完整。因中生界紫红色砂、页岩分布广泛，又称"红色盆地"或"紫色盆地"。盆地面积约16.5万平方千米，虽然是四大盆地中面积最小的一个，但地处亚热带，气候温暖湿润，水系稠密，人口众多，土壤肥沃，物产丰富，经济发达，是我国富有的地区之一，向有"天府之国"的美誉。

三大平原

东北平原、华北平原和长江中下游平原是我国的三大平原，集中分布于东部第三级地形阶梯上的东西向与北东向山脉之间的网格中，面积辽阔，地势低平，交通便利，人口密集，为全国主要农耕基地。

东北平原位于燕山以北，大、小兴安岭与长白山之间，南北长约1000千米，东西宽约400千米，面积35万平方千米，是我国最大的平原，以黑土面积大、沼泽分布广为特色。

华北平原南北分别是大别山与燕山，西起太行山和伏牛山，东抵山东丘陵与黄海、渤海，面积31万平方千米，为我国第二大平原。因主要由黄河、淮河、海河冲积形成，所以也称黄淮海平原。这里地势低平，地面坡降很小。不少地段河床高于两岸平原之上，地上河与河间洼地相间分布，构成华北平原独特的特色。

长江中下游平原位于巫山以东的长江中下游沿岸，主要包括两湖平原、鄱阳湖平原、苏皖沿江平原和长江三角洲，呈串珠状东西向分布，面积约20万平方千米，是我国第三大平原；以地势低平、湖泊密布、河渠稠密、水田连片为特色，是全国著名的鱼米之乡。

丘 陵

我国的丘陵也主要分布在东部，即第三级阶梯地形面上，以雪峰山以东、长江以南的广大地区最集中，统称"东南丘陵"。其中，位于长江以南、南岭以北的称江南丘陵；南岭以南，两广境内的称两广丘陵；武夷山以东、浙闽两省境内的称浙闽丘陵。长江以北丘陵分布范围小，主要有山东丘陵和辽东丘陵。

东南丘陵主要分布在一系列北东走向的中、低山的两侧，其间错落排列着大大小小的红岩盆地，地表形态主要表现为绝对高度低、相对起伏小的丘陵。由于各地岩性不同，在江南丘陵分布着厚层红色砂岩和砾岩；浙闽丘陵花岗岩、流纹岩分布范围大；两广丘陵西部，石灰岩分布面积广，喀斯特地貌发育。山东丘陵和辽东丘陵坐落在山东半岛和辽东半岛上，由变质岩和花岗岩组成，地面切割比较破碎，海岸曲折，多港湾和岛屿，为著名的暖温带水果产区。

冰 川

我国西部地势高耸，并有多条高逾雪线以上的极高山。现代冰川在北起阿尔泰山，南至喜马拉雅山和滇北的玉龙山，东自川西松潘的雪宝顶，西到帕米尔之间的山巅广为分布，总面积达58523平方千米，使我国成为全球中低纬度现代冰川最发达的国家。现代冰川分悬冰川、冰斗冰川、山谷冰川、平顶冰川等基本类型，以山谷冰川最常见，规模也最大。按物理性质大致以

玉龙雪山

念青唐古拉山为界又可分为海洋性冰川和大陆性冰川。冰川上常出现冰面湖、冰穴、冰洞、冰塔、冰墙等千姿百态的冰晶景观。冰川的消长进退还形成冰斗、角峰、刃脊、悬谷、U形谷、终碛、侧碛、底碛、冰碛阶地等冰蚀、冰碛地貌。地高天寒引起的寒冻风化、融雪流水和重力作用形成的石河、石海、岩屑流、岩屑堆、泥流舌等冰缘地貌分布也很普遍。

沙 漠

我国是世界上沙漠戈壁面积比较广阔的国家之一。我国的沙漠戈壁主要分布在北部，包括西北和内蒙古的干旱和半干旱地区，总面积达128万平方千米，约占全国面积的13%。贺兰山乌鞘岭以西，沙漠面积最大，也最集中，塔克拉玛干沙漠、古尔班通古特沙漠、巴丹吉林沙漠、腾格里沙漠是我国四大沙漠，都分布在这一地区。在大沙漠的边缘和外围，有带状或环状的戈壁

塔克拉玛干沙漠

分布。

在沙漠的南缘，大致西起昆仑山，东到长白山，北起长城，南到秦岭、淮阳山地，呈东西向带状分布着大片黄土和黄土状沉积物，总面积约 60 万平方千米；其中以甘肃中部和东部、陕西北部及山西最为集中，形成世界上最大的黄土高原，面积约 39 万平方千米。荒漠中的风化物是黄土物质的直接来源，在黄土集中分布的地区，黄土覆盖厚度约 100～200 米，形成独特的黄土源、梁、峁地貌。由于黄土质地疏松，抗蚀能力差，水土流失严重，地面常被沟壑分割显得特别破碎，河流的含沙量极大。

塔克拉玛干沙漠

塔克拉玛干沙漠，位于南新疆塔里木盆地，维吾尔语中，"塔克"是山的意思。"拉玛干"，准确的翻译应该是"大荒漠"，引申有"广阔"的含义；那么"塔克拉玛干"就是"山下面的大荒漠"的意思。整个沙漠东西长约 1000 余千米，南北宽约 400 多千米，总面积 337600 平方千米，是中国境内最大的沙漠，也是世界第二大沙漠，故被称为"塔克拉玛干大沙漠"，也是全世界第二大的流动沙漠，流沙面积世界第一。沙漠在西部和南部海拔高达 1200～1500 米，在东部和北部则为 800～1000 米。塔克拉玛干腹地被评为中国五个最美的沙漠之一。

在世界各大沙漠中，塔克拉玛干沙漠是最神秘、最具有诱惑力的一个。沙漠中心是典型大陆性气候，风沙强烈，温度变化大，全年降水少。塔克拉玛干沙漠流动沙丘的面积很大，沙丘高度一般在 100～200 米，最高达 300 米左右。沙丘类型复杂多样，有复合型沙山和沙垄，塔形沙丘群。沙漠有两座红白分明的高大沙丘，名为"圣墓山"，分别由红砂岩和白石膏组成，是沉积岩露出地面后形成的。白天，塔克拉玛干沙漠赤日炎炎，银沙刺眼，沙面温度有时高达 70～80 度，旺盛的蒸发，使地表景物飘忽不定，沙漠旅人常常会看到远方出现朦朦胧胧的"海市蜃楼"。沙漠四周，沿叶尔羌河、塔里木河、和田河和车尔臣河两岸，生长发育着密集的胡杨林和柽柳灌木，形成"沙海绿岛"。特别是纵贯沙漠的和田河两岸，长生芦苇、胡杨等多种沙生野草，构成沙漠中的"绿色走廊"，"走廊"内流水潺潺，绿洲相连。林带中住着野兔、小鸟等动物，亦为"死亡之海"增添了一点生机。科学考察还发现沙层下有丰富的地下水资源和石油等矿藏资源，且利于开发。有水就有生命，科学考察推翻了"生命禁区论"。

月牙泉

　　甘肃敦煌著名的月牙泉，早在 2000 多年前就已被载入史册。月牙泉水流出的湖面形状酷似月牙，泉水岸弯度饱满，如新月一般。泉水清冽甘美，

月牙泉

澄澈碧绿。泉水湖南岸有 90 多个寺庙，规模宏伟，气势不凡。寺庙中有彩塑、壁画，周围有树木花草。于是，沙漠中这一奇特的风景名胜区被称为"月牙晓澈"，并成为著名的敦煌八景之一。然而最奇特的是，月牙泉虽然周围沙山连亘，但几千年来却"沙填不满"。原来，月牙泉北、西、南三面皆山，只有东面是风口。当风从东面吹来时，受到高大的沙山阻挡，气流只能在山中旋转上升，把山下的细沙带到山顶，并与山外吹来的风相平衡。这样，便使得山顶的沙不可能被风吹到山下，从而失去了形成流沙的条件，并造成沙泉共存这一奇特的自然景观。

中国的湖泊和岛屿

鄱阳湖

鄱阳湖是中国最大的淡水湖。它位于长江中游南岸，江西省北部的平原上，面积约 3960 平方千米，浩瀚万顷，水天相连，犹如万里长江腰带上系着的一个巨大的宝葫芦。江西省的赣江、修水、抚河、信江、鄱江等五大河流从东、南、西三个方向汇入鄱阳湖，向北

鄱阳湖

经湖口注入长江，是一个排水湖。在元古代时，这里还是海槽，直至三叠纪末期才变为陆地。由于燕山运动，这里的地壳发生多次断裂陷落，便形成了鄱阳盆地的雏形；在距今 6000 ~ 7000 年时，受海侵的影响，积水成湖，古时称为"彭蠡"；后来被长江一分为二，江南的彭蠡继续南侵，就扩展为现在的鄱阳湖。这种主要由于构造运动形成的湖泊，称为构造湖。鄱阳湖内鱼类资源丰富，有银鱼、鳜鱼等 90 多种，年产量达 2.5 万吨以上，享有"天然鱼库"之称。

洱 海

洱海古称"叶榆泽"，位于云南省西部大理白族自治州境内；南北长约 40 千米，东西平均宽为 7 ~ 8 千米，平均水深 12 米，最深处有 26.3 米，面积为 248 平方千米。洱海是一个构造湖，这里在距今约 12000 年前的大理冰期，发生了强烈的地震，地壳断裂成一个大的内陆盆地，经过聚水而形成湖泊。

洱海

洱海地区常受沿横断山脉北上的孟加拉湾海洋风的侵袭，湖面上多浪，一遇大风就波涛汹涌，好像是浩瀚的大海一样，加上湖的形状像一只人的耳朵，所以古人就称它为洱海。

洱海风光秀丽，是旅游胜地。湖边的点苍山海拔在4000米以上，山顶白雪皑皑，云雾缭绕，称玉带云，是洱海的奇特风光。由于清如玉的湖水和点苍山白雪相互辉映，所以被誉为"玉洱银苍"。

日月潭

日月潭是中国台湾最大的天然湖。它位于台湾南投县鱼池乡水社村，湖面海拔760米，湖周长35千米，湖水面积7.73平方千米，水深40多米。日月潭是玉山和阿里山在地壳运动时，发生了断陷盆地，后经积水而成的一座高山湖泊。日月潭中有一小岛，好像浮在水面上的一颗珠子，因此曾得名"珠子岛"，现在叫光华岛。以此岛为界，北半湖形状如同日轮，南半湖形似上弦月，所以就称为日月潭。

日月潭为翠绿的群山环

日月潭

抱，气势雄浑，峰头山腰，朵朵白云缭绕飘动；清澄的湖面上，扁舟点点，尤其是秋天夕阳西下，烟霞西起，薄雾笼罩，明月东升，碧波映照，景色变化多端，引人入胜。日月潭被誉为"岛内仙境"，是台湾八大胜景之一。

太 湖

太湖是中国第三大淡水湖泊，位于长江天角洲南侧的低洼地带，距东海约 100 千米，湖泊面积 2250 平方千米。它形成于公元前 4000 年左右。由于长江与钱塘江所挟带的大量泥沙在河口地段不断淤积，形成沙嘴；两大沙嘴相对伸展，合成大海湾；再经过长期的潮汐海浪的堆积作用，海湾与海水隔

太 湖

离而变成潟湖。以后许多河流的水流入太湖，并通过浏河、吴淞江，黄浦江等泄入长江，逐渐变为淡水湖。太湖中有岛屿 48 个，其中以洞庭西山为最大，形成湖中有山，山外有湖，山清水秀的独特绮丽风光，是全国的重点风景区。太湖地区还是一个名副其实的"鱼米之乡"，不但有年产 2 万吨以上的鱼，沿湖还盛产稻米、蚕桑、茶叶，以及杨梅、柑橘、枇杷和桃等各种水果。

牛轭湖

牛轭湖也称"弓形湖"、"月亮湖"，是河曲被裁弯后废弃的弯形河道。由于各种各样的原因，自然界的河流总是有点弯曲的，水流在弯曲的河床中流动，不断侵蚀凹岸，而在凸岸进行沉积，使得河流越来越弯曲而形成河曲，在比较平缓的地区，只能像蛇一样蜿蜒着。洪水有时会冲破河岸，把上下河

牛轭湖

道连接起来，原先弯曲的河道被置于一旁，两端慢慢地被泥沙堵塞，于是就形成了牛轭湖。长江中下游有一段河曲很发达的荆江段，河的长度竟为直线距离的 3 倍，有"九曲回肠"之称。据记载，这里曾发生过数十次裁弯取直，如 1907 年下荆江裁弯后，形成了长达 21 千米的尺八口牛轭湖。人们有时为了方便航运等，用人工方法裁弯取直，也会形成牛轭湖。

青海湖

青海湖是中国最大的湖泊。它位于青海省的东北部，形状像一只平放的梨，东西长 100 多千米，南北宽 60 多千米，面积约为 4635 平方千米。第四纪冰川早期这里发生多次地层断裂，四周隆起形成山地，中央陷落成湖盆，逐渐积水为湖。开始是一个有排水口的淡水湖，随着周围山地的不断抬升，最后成为不向外排水的内陆湖了，并且随着水分蒸发，盐分积累，而变成咸水湖。大约有 50 多条大大小小的河流注入青海湖，湖水清澈透明，能看得见 10 米以下的物体，怪不得蒙语叫它"库库诺

青海湖

尔"，藏语称它"错温布"，都是"青色的海"的意思。湖中有5座小岛，形态各异，栖息着众多候鸟。每年5月下旬，斑头雁、鱼鸥、鸬鹚、赤麻鸭等南来候鸟都飞到青海湖来，五颜六色，煞是好看。其中最著名的岛屿已被列为国家重点自然保护区。

纳木错

纳木错是世界上海拔最高的咸水湖。纳木错是藏语"天湖"的意思。它位于青藏高原的西藏当雄、班戈两县之间，湖面海拔4718米，东西长80多千米，南北宽近30千米，是一个由于地壳运动，断层陷落积水而成的构造湖。湖水主要靠南部念青唐古拉山的冰雪融水补充，湖水清澈，念青唐

纳木错

古拉山雪峰在湖中的倒影和周围断续分布的城垣断崖相映成趣，显得雄伟壮观。在长期浪蚀的作用下，喀斯特地貌很发达，形成了许许多多的溶洞、石芽、天生桥等，千奇百怪，引人入胜。湖滨地区水草丰盛，这里有许多野牦牛、黄羊、狼、狐狸等野生动物，是一个良好的狩猎场所，纳木错湖区真是高原极好的旅游胜地。

山东半岛

华北大平原的东南面是伸向海洋的一个半岛，因为它位于太行山以东，所以叫做山东半岛。山东半岛是我国最大的半岛。它的北、东、南三面被渤海和黄海包围，隔海与北面的辽东半岛遥遥相望，两大半岛共同环抱着渤海。

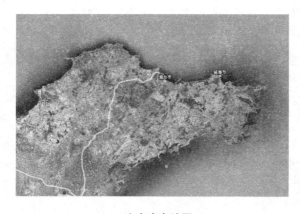

山东半岛地图

山东半岛的地形以丘陵为主，丘陵约占总面积的7/10。泰山、蒙山、鲁山、沂山、崂山等，是丘陵地上突起的山峰。

位于半岛南部胶州湾东南岸的青岛市，是全国闻名的优良海港。青岛三面环海，一面与大陆相连，系属半岛中的小半岛。这里景色秀丽，气候宜人。分布在青岛东北角的崂山，巍峨挺拔，气势磅礴，是著名的游览胜地。

山东半岛北岸的烟台是一个优良海港。烟台市区背山面海，芝罘岛、崆峒岛及其他小岛屹立港北形成天然屏障。

位于华北平原与山东中部丘陵交接地带的济南市，被称为"泉城"。市区内有大小泉眼72处，共计108个泉。古代形容这里是"家家泉水，户户垂杨"。著名的趵突泉，泉水冒出水面时不断地跳跃；珍珠泉的泉水好像一串没有尽头的珍珠从泉眼里涌出……

美丽的烟台

山东半岛海岸线蜿蜒曲折，沿岸港湾众多，为发展海运、渔业和养殖业提供了有利条件。

舟山群岛

舟山群岛在浙江省东北部、杭州湾外东海中，北起嵊泗列岛，南至六横岛，有舟山、普陀、长涂山、岱山、衢山、大鱼山、桃花岛等大小岛礁 600 多个。其中舟山岛最大，面积 541 平方千米，是我国第四大岛。

物产丰富的舟山渔场

舟山群岛地区降水多，相对湿度大，区内海水年平均温度为 20℃～24℃，属温带海洋性气候。这里海湾众多，海面辽阔，且有暖流和寒流交汇，水质肥沃，饵料丰富，因此海生生物极为丰富，是一个天然的渔业基地。这里的舟山渔场是我国最大的渔场，每当渔汛季节，可以捕捞几亿斤水产品。本区盛产的大黄鱼、小黄鱼、墨鱼、带鱼合称为四大经济鱼类。

舟山群岛中有一个美丽的小岛，岛上的普陀山秀奇瑰丽，是我国四大佛教名山之一。岛上奇岩幽洞，古刹琳宫，名胜古迹，比比皆是；周围海洋，洪波浩渺，水天相连，是极好的游览胜地。

风景秀丽的普陀山

海南岛

位于南海北部的海南岛，是我国第二大岛。它像一颗灿烂的明珠，闪耀在浩瀚的南海碧波之上。

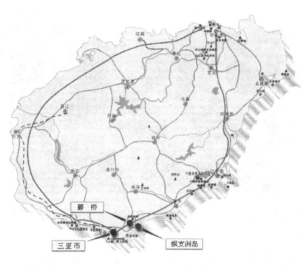

海南岛地图

海南岛东北窄，西南宽，形状好像一只梨子，长 300 千米，平均宽约 180 千米，北隔琼州海峡与雷州半岛相望。晴朗的日子里，站在雷州半岛南端海滨，就可隐隐约约看到海岛上起伏的山峦。

海南岛的中南部是山地丘陵区。其中以五指山最著名，五指山山峰起伏，状如锯齿，远看宛如五指撑天，五指山即由此得名。

海南岛绝大部分地区属于热带海洋性季风气候。全年高温，热量充足，长夏无冬，光照丰富，是我国的热带作物宝库。这里的热带作物种类很多，有油棕、咖啡、可可、橡胶、椰子、剑麻、香茅、金鸡纳、胡椒等经济作物，还有荔枝、菠萝蜜、芒果、香蕉、木瓜、番

五指山

石榴、菠萝、洋桃等热带果木。

　　海南岛自然资源丰富，岛上有丰富的铁矿、水晶矿、钛铁矿等，西海岸还有大型的莺歌海盐场。岛上还栖息着不少野生动物，仅兽类就有80多种，其中有些动物属于稀有种，如坡鹿，仅见于本岛。热带森林里藤萝密布，有利于树栖食果动物生存，例如海南岛特有的黑长臂猿就生活在树上，它行动起来手脚并用，十分灵活。为了加快海南的经济发展，我国在1988年设立了海南省，省会是海口市，并划定海南省的海南岛为经济特区。

镜泊湖

　　镜泊湖是中国最大的堰塞湖。它位于黑龙江宁安县西南的牡丹江上游，南北长45千米，东西最宽仅6千米，总面积约95平方千米，湖水最深为62米。它是怎么堰塞成湖的呢？原来这里并没有湖泊，远在1万年以前的第四纪，这里发生了地壳断裂和火山爆发，大量的熔岩流奔腾而下，在牡丹江上形成了一条坚固的岩石大坝，把河道堵了起来，大坝的上游就阻塞成湖了。当湖面的水位超过石坝时，湖水就漫了出来，形成一道宽40米、落差20米的瀑布，尤其是寒冬季节，水瀑凝成冰帘，像悬

镜泊湖

挂着的巨大银幕，别有一番情趣。镜泊湖水平静清澈，站在游艇上，俯视人影在水，在天光云影之中穿行，仿佛置身于一面天造地设的大镜屏中；加之环湖山峦千姿百态，风景优美，现已成为全国重点风景区和自然保护区。

中国的名山险峰

黄　山

黄山是中国最著名的游览风景区之一。它坐落在安徽省南部，号称有72峰，到处峰峦叠嶂，奇峰怪石，云雾缭绕。明代大旅行家徐霞客在游黄山后留下了"五岳归来不看山，黄山归来不看岳"的诗句。相传中国古代黄帝曾在此修身炼丹，所以叫黄山。令人仰慕的黄山美景是大自然留给我们的财富。在2亿多年前，这里还是一片大海，后来由于地壳运动，这里抬升为陆地。在上升的过程中，这里还发生了岩浆活动。由于岩浆喷发冷凝后形成的花岗岩上的节理比较脆弱，容易受到风化和侵蚀，在外力作用天长日久的"雕琢"下，就形成了黄山的奇峰怪石。

黄　山

人们根据它们的形状，起了"猴子观海"、"武松打虎"等形象的名字，而且还流传着不少有趣的传说。怪石、云海、奇松、温泉合称为"黄山四绝"。

庐　山

庐山位于长江南岸鄱阳湖西侧。传说在殷周时代曾有匡氏兄弟在这里结庐隐居，所以又称为"匡庐山"。庐山是一座因断层而隆起的断块山，而东侧的鄱阳湖则是断裂下陷地区，使庐山犹如平地拔起一般，令人格外注目。庐山不但是闻名中外的旅游胜地，而且是中国东部发育有第四纪古冰川的典型地区。游览庐山虽然四季均可，但以夏季最佳，因为夏季庐山多云雾和飞瀑，风光秀丽，游人可一饱眼福。在庐山众多的山峰中，以五老峰的景色最为巍峨秀丽，这里的山谷中有著名的三叠泉，依着山势，凌空喷泻而下，"飞流直下三千尺，疑是银河落九天"，正是这种景色的生动描述。庐山的云雾更是神奇莫测，它时而在山腰飘忽，时而从山谷中升起，一会儿腾空而起飘去，一会儿又在你的脚下弥漫，座座

庐　山

山峰在云雾中时隐时现，给庐山披上了一层迷人的面纱，难怪使人感到"不识庐山真面目"了。

华　山

华山耸立在陕西省的渭河平原和秦岭山脉之间，属于秦岭山脉的东段，是一座由花岗岩构成的断块山。在五岳中以它的海拔高度为最高，由东、南、西、北、中五峰组成，犹如一朵盛开的莲花，在古代"花"和"华"二字相通，所以叫华山。在华山可以看到多处断崖千尺、陡峭无比的险峻情景，连华山的一些名胜，也起了如"千尺幢"、"百尺峡"、"上天梯"、"苍龙岭"等令人生畏的名字，享有

华　山

"奇险天下第一山"之称。华山为什么会这样险峻呢？这就和地壳运动有关了。华山刚好处在一个断层地带，它北面的渭河平原是一个下沉区，而南面的秦岭却不断上升，使位于秦岭北坡的华山随着不断上升变得又高又陡了，这里奇峰突起，壁立千仞，所以有"华山自古一条路"的说法。华山的"擦耳崖"更为险峻，人们只能小心地摸着山壁缓缓而过，甚至耳朵也常常要擦着山崖。华山还有着许多名胜古迹和美丽的传说，来这里旅游倒是要有一点胆量的。

泰 山

泰山耸立在山东中部黄河南岸，是一座由片麻岩所构成的断块山地。就高度来看，泰山的高度仅排在五岳中的第三位，但却誉为"五岳独尊"、"五岳之长"，甚至有诸如"稳如泰山"、"泰山压顶"等成语，这到底是什么原因呢？我们打开地图后，不难发现泰山周围是平坦的华北平原，在附近的开阔地区内，再也找不出比它高的山峰了，这就显出了泰山"拔地通天"的气势。就泰山的岩石年龄来看，"独尊"也是当之无愧的，这里的岩石年龄已有25亿年的历史。登泰山时，我们会发现它有三个明显的梯阶，天然地形成了一天门、中天门和南天门三个天门，其实这是在 1 亿多年前所产生的断裂错动而形成的，因此整个泰山巍峨陡峻，壮丽无比。从山麓的岱宗坊到最高峰玉皇顶，修筑有 6293 级石阶供游人攀登，山腰的十八盘更为险峻。登临山顶，可见"旭日东升"、"晚霞夕照"、"黄河金带"和"云海玉盘"等四大奇景。

巍峨的泰山

火焰山

火焰山位于中国海拔最低的吐鲁番盆地的北部，东西长达100千米，南北宽10千米左右，高达数百米。山体由红色砂岩构成。在维吾尔语中，这座山叫"克孜勒塔格"，意思就是红色的山。山上岩石裸露，夏季的骄阳照射在红色砂岩上，反射出红光，远远望去，犹如燃烧的火焰

火焰山

一样，所以叫做火焰山。说到火焰山，人们一定会联想到"西游记"中孙悟空借用铁扇公主的芭蕉扇灭火的故事。虽然这只是神话而已，但这里的高温倒是千真万确的。在这里"煮"鸡蛋是件轻而易举的事，只要把鸡蛋埋在沙里，不用多少时间，生鸡蛋就"煮"熟了，真是一只天然的"锅子"，十分有趣。

五大连池火山群

五大连池火山群位于黑龙江省五大连池市。方圆400多千米的火山群内有14座老火山。由于喷发周期较短，火山锥体的规模一般都较小，相对高度不超过300米。据古籍记载，其中老黑山和火烧山的火山锥是在公元1719～1921年间喷发而形成的。这次火山喷发出的岩浆在由高向低倾泻时，分段阻塞了山脚下日夜奔流的白河，形成了5个串珠状的

五大连池火山群

火山堰塞湖，虽大小不一，却依然连结在一起，故合称五大连池，火山群也因此而得名。这里的火山熔岩流千姿百态，如麻花状、翻花状、爬虫状、蟒状、绳状以及熔岩瀑布。在药泉山下，熔岩形成了奇特的青色的石龙，宽几十米，由北向南连绵数千米，石龙上到处可见到石头的激流、石头的怒涛、石头的漩涡、石头的小溪。火山地貌也非常典型，有天池、石林、石海、仙女洞、熔岩隧道等100多种火山奇景，是一座天然的火山博物馆。大自然的伟力和美，真叫人目瞪口呆。

腾冲火山群

腾冲火山群位于中国云南腾冲县城附近，主要分布在腾冲断陷盆地中，长达60多千米，40多座火山口呈南北向排列，如串珠状。高黎贡山与它并

腾冲火山群

列，一高一低，甚为壮观。火山群附近分布着地热泉点80余处，是云南省内泉群分布最多、密度最大的地方。腾冲火山群在地质史上有过五期火山活动，形成8个火山群，有明显火山口的火山锥有20座，其中以打鹰山最高，海拔2614米。腾冲火山地热胜地，闻名中外，

吸引了古今中外的许多诗人、学者。中国明代伟大地理学家徐霞客，在他逝世前三年（1638年），不顾年迈，徒步从广西入云南，对腾冲一带的火山口和热泉点进行了详尽的考察记录。腾冲火山群不仅是旅游和地学研究的好地方，而且地热温泉群从地下给人类带来了大量的热能和有用矿物。

飞来峰

飞来峰是杭州灵隐寺边上一座和周围山峰岩层不一样的孤立小山。传说，

约在公元 326 年，有一个印度和尚看到这座奇丽的小山，惊奇地说它是从印度飞来的灵鹫山的小岭，此后人们便叫它"飞来峰"。其实，它并不是飞来的，而是一种地质现象。起初，这儿成层的石灰岩覆盖在砂岩上，后来水平的岩层被挤压成褶皱，隆起了一些高峰，而飞来峰位于中间凹下去的中心。凸起的地方容易受到水流的冲刷侵蚀，表层的石灰岩全部被侵蚀后，便露出了底下的砂岩。但是原来飞来峰的地方正好水流

飞来峰

冲刷能力较弱，没有被全部侵蚀，于是就留下这么一座孤立的石灰岩小山。经过流水侵蚀的石灰岩，往往会有形象奇特的怪石和忽明忽暗、互相连通的洞窟，这就使飞来峰成了和四周高峰迥然不同的胜景。

梅里雪山

　　梅里雪山又称太子雪山，位于云南省迪庆藏族自治州德钦县东北约 10 公里的横断山脉中段怒江与澜沧江之间，平均海拔在 6000 米以上的有 13 座山峰，称为"太子十三峰"，主峰卡瓦格博峰海拔高达 6740 米，是云南的第一高峰。

　　梅里雪山以其巍峨壮丽、神秘莫测而闻名于世，早在 20 世纪 30 年代美国学者就称赞卡瓦格博峰是"世界最美之山"。卡瓦格博峰下，冰斗、冰川连绵，犹如玉龙伸延，冰雪耀眼夺目，是世界稀有的海洋性现代冰川。梅里雪山是云南最壮观的雪山山群，数百里绵延的雪岭雪峰，占去德钦县 34.5% 的面积。迪庆藏族人民在梅里雪山脚下留下了世世代代的生存痕迹，也将深厚

的文化意蕴赋予了梅里雪山。梅里雪山不仅有太子十三峰，还有雪山群所特有的各种雪域奇观。卡瓦格博峰下，冰川、冰碛遍布，其中的明永恰冰川可谓最壮观的冰川。此冰川从海拔 5500 米的地方下延至海拔 2700 米的森林地带，长达 8 千米，宽至 500 多米，面积有 73.5 平方千米。此冰川号称世界上少有的低纬度海拔季风海洋性现代冰川。

中国的喀斯特地貌与丹霞地貌

我国的喀斯特地貌在南方发育好，尤以广西、贵州为甚。它们或形成大片秀丽的峰林，或造成拔地而起的孤峰，像桂林地区就属这两种情况。在地处热带的云南则以石林为代表。同时，由于河流的下切较深，地下河规模很大，如云南红河支流田心河在个旧市斗姆阁潜入地下，到红河河边才出露，注入红河，全长达 6 千米。在中部的湖北省，石灰岩地区常由于溶蚀而发育成洼地、漏斗等景观。在我国的北方，由于气候干燥，降雨相对减少，且石灰岩分布相对南方少得多，所以北方的地表喀斯特地貌不发达，但非常有趣的是在地下深处的石灰岩层中却有大量的溶洞发育，甚至还发育着石林，只不过它被上面覆盖的厚厚岩石盖住了。

丹霞地貌

"丹霞地貌"是一种发育在由砂粒组成的砂岩分布地区的自然地貌景观。尽管各种神话传说给它的形成披上了一层神秘的外衣，但实际上它是流水长期破坏的结果。这种地貌常以高高的悬崖峭壁、林立的石峰为特征，远远看去好像在山上建有一座座富丽堂皇、气势宏伟的宫殿。各地形态逼真、生动的奇景很多。

江西的三清山、福建的武夷山、甘肃兰州的仁寿山、广东北部的丹霞山等都是丹霞地貌的代表。甘肃兰州仁寿山有"天斧砂宫"之称，这里有布局协调、规模宏大的"宫廷建筑群"，有高大雄伟、形体怪异的"风蚀塔"，有栩栩如生的"河马"、"白蛇"，还有令人生畏的"铁牢"。江西三青山上有一个女神峰，远远看去，形如少女，丰满秀丽，圆圆下巴，秀发齐肩，她凝神沉思，正襟端坐在悬崖边，双手托着两棵古松，那神态实在令人叫绝。而广东坪石素有"万古金城"之称，那里发育的众多石峰组成了一个有声有色的"古城"。许多丹霞地貌发育地区都已成为著名的游览区，像甘肃兰州仁寿山，已成为古丝绸之路上的旅游区，对游客开放。福建武夷山不仅是风景秀丽的旅游区，有人甚至称那里是"世界的奇迹"。由此可见，"丹霞地貌"在旅游业中是占有相当重要地位的。

桂林山水

桂林山青水碧，洞奇石秀，有"山水甲天下"之美称。那座座秀丽的山峰如撒落在一汪碧水中的精美田螺；泛舟漓江，如行画中。那长达千米，高数十米的七星岩、芦笛岩大溶洞更是别有洞天。进入洞里，犹如进入神话世界，令人流连忘返。

瑰丽的桂林山水

路南石林

在云南有一个著名的风景区——路南石林。这里是"阿诗玛"的故乡，在一丛丛挺拔俏丽、竹笋般的石峰中，有"苏武牧羊"、"将军鞋"、"夫妻斗气石"、"阿诗玛"、"猪八戒背西瓜"、"二牛戏水"等一系列形态逼真、惟妙惟肖的景观。这是一种由石灰岩形成的地貌景观——喀斯特地貌（又叫岩溶地貌）。

路南石林

张家界

喀斯特地貌是张家界地貌的突出特点,约占全市面积40%左右,且种类不论地表、地干,其堆积物均发育齐全,是我国湘西北喀斯特地形发育地区的一个组成部分。桑植县、慈利县大部、武陵源区、永定区东南部是这一地形发育的地区。地表喀斯特地形的溶沟、溶槽、石芽、干谷、石丘、石陵在市内各地可见,唯石林在市区少见。在天门山风景区能见到一些单个石柱,但很少成林。

张家界的奇峰

湘西北地区只有在自治州花垣县小排吾一地,有一片石林,俗称"石栏栅",颇引人注意,也吸引了不少游人学者观光考察。

地下喀斯特溶洞、喀斯特堆积物形态在张家界更是堪称一绝。其溶洞规模,桑植县的九天洞能列入世界洞穴学会会员洞,也真不愧为"亚洲第一洞"的响亮称号。

九天洞和位于武陵源区的黄龙洞，是张家界地下喀斯特地形的代表。它们集溶洞、溶洞河、暗河、落水洞、漏斗为一体。其洞内喀斯特堆积物，如石钟乳、石笋、石柱更是千姿百态，变化万千，可以说，想什么，像什么，极大地拓展了游人想象的空间，往往使人很难找到恰当的词汇和语言来赞美它。

张家界的溶洞

张家界市地处武陵山脉腹地，武陵山脉自贵州云雾山分支入张家界市，又分三支。北支由湖北来凤龙山入市辖桑植县历山、桂英山、青龙山；中支沿澧水之北有天星山、红溪山、朝天山、青岩山、茅花界；南支行于澧水、沅水之间、有七星山、崇山、天门山、延入慈利县的大龙山、天合山。三支均到东到洞庭湖冲积平原而消失。

张家界黄龙洞

张家界市境内山峦重叠，地表起伏很大，最高点海拔 1890.4 米，最低点海拔 75 米。张家界的山大多是拔地而起山，山上峰峻石奇，或玲珑秀丽，或峥嵘可怖，或平展如台，或劲瘦似剑。张家界既有千姿百态的岩溶地貌奇观，又有举世罕见的砂岩峰林异景。

江西三清山

世界自然遗产地、国家重点风景名胜区、国家 AAAA 级旅游区、国家自然遗产、国家地质公园、全国爱国主义教育示范基地和全国文明风景旅游区

示范点——三清山，位于江西省上饶市东北部，因玉京、玉虚、玉华三峰峻拔，宛如道教玉清、上清、太清三位最高尊神列坐山巅而得名。景区总面积 756.6 平方千米，主峰玉京峰海拔 1819.9 米。14 亿年的地质演化形成了奇峰耸天、幽谷千仞的山岳绝景奇观，不同成因的花岗岩微地貌密集分

江西三清山神女峰

布，展示了世界上已知花岗岩地貌中分布最密集、形态最多样的峰林；2373 种高等植物、1728 种野生动物，构成了东亚最具生物多样性的环境；1600 余年的道教历史孕育了丰厚的道教文化内涵，按八卦布局的三清宫古建筑群，被国务院文物考证专家组评价为"中国古代道教建筑的露天博物馆"。美国国家公园基金会主席保罗先生慕名来到三清山后，惊叹道："三清山是世界上为数极少的精品之一，是全人类的瑰宝"；《中国国家地理》杂志推选其为"中国最美的五大峰林"之一；中美地质学家一致认为她是"西太平洋边缘最美丽的花岗岩"。

福建武夷山

武夷山风景名胜区主要景区方圆 70 平方千米，平均海拔 350 米，属典型的丹霞地貌，素有"碧水丹山"、"奇秀甲东南"之美誉，是首批国家级重点风景名胜区之一，于 1999 年 12 月被联合国教科文组织列入《世界遗产名

录》，荣膺"世界自然与文化双重遗产"，成为全人类共同的财富。

福建的武夷山

武夷的美感在于山。由于远古时期地壳运动，加之重力崩塌、雨水侵蚀、风化剥落的综合作用，山体发生奇特变化：峰岩上升，沟谷下陷；山色因地热氧化而显红褐，山形因挤压而倾东。它是全国200多处丹霞地貌中发育最为典型者。地壳运动使这里的奇峰怪石千姿百态，有的直插云霄，有的横亘数里，有的如屏垂挂，有的傲立雄踞，有的亭亭玉立……就武夷山的景观而言，则是神似居多，似乎更加耐人品味。

武夷山九曲溪

武夷的灵性在于水。武夷山麓中有众多的清泉、飞瀑、山洞、溪流。流水潺潺，如诉如歌，给武夷山注入了生机，增添了动感，孕育了灵气。其中，最具诱惑的莫过于九曲溪。九曲溪发源于武夷山自然保护区黄岗山南麓，全长60千米，流经景区9.5千米，山环水转，水绕山行，自有风情。游人可自星村码头凭借一只弓形古朴的竹筏，随波逐流，饱览山水大观，抬头可览奇峰，俯首能赏水色。"曲曲山回转，峰峰水抱流"，是九曲溪传神的写照。

织金洞

织金洞地处乌江源流之一的六冲河南岸，属于高位旱溶洞。洞中遍布石笋、石柱、石芽、钟旗等四十多种堆积物，形成千姿百态的岩溶景观。洞道纵横交错，石峰四布，流水、间歇水塘、地下湖错置其间。被誉为"岩溶瑰宝"、"溶洞奇观"。

织金洞之所以被人们称为"溶洞之王"在于它在世界溶洞中具有多项世界之最。如整个洞已开发部分就达35万平方米；洞内堆积物的多品类、高品位为世间少有；洞厅的最高、最宽跨度举世罕见；神奇的银雨树，精巧的卷曲石举世罕见。最大的景物是金塔宫内的塔林世界，在1.6万平方米的洞厅内，耸立着100多座金塔银塔，而且隔成11个厅堂。金塔银塔之间，石笋、石藤、石幔、石帏、钟旗、石鼓、石柱遍布，与塔群遥相呼应。

"中国丹霞"命名来源

丹霞地貌"申遗"的最大困难："地貌是一个地理、地质学概念，但'丹霞地貌'只是中国学者的命名，没有得到国际地学界认可。"丹霞地貌所处的地层，国际地学界已有定论，叫做"红层"。拿一个国外学者没见过的名词去"申遗"，无异于问道于盲。丹霞景观有独特的美学价值，因此有专家建议用"丹霞景观"代替"丹霞地貌"来"申遗"。但此建议遭到丹霞地貌专家彭华教授的反对，在他看来，"景观"失去了地理地质学上的意义，贬低了中国学者研究了近一个世纪的学术成果。"如果一堆红色石头景观都可以'申遗',世界自然遗产的价值显得太低!"

以"申遗"促学术,是中国学者希望达到的成果之一。如果丹霞地貌能成功"申遗",意味着这一概念得到国际地学界的认可,这是丹霞地貌走出国门的一个途径。但国外专家认为,科学无捷径,只有通过在国际权威刊物上发表论文,先确立丹霞地貌的国际学术地位,然后用"丹霞地貌""申遗"才顺理成章。

经过会议讨论,最终采纳折中方案,将"申遗"名称中的"丹霞地貌"改为"中国丹霞"。

未来的地貌

WEILAI DE DIMAO

　　未来的地球地貌发展趋势将会怎样？地球上的各种生物将往何处去？人类将往何处去？这是每个人都应该关注的问题。因为，地球实在伤不起了。历史进入20世纪以后，人类社会前进的每一步，所取得的每一个文明成果，对地球所进行的每一点改造，无不体现了人类对地球的掌控欲望。"人定胜天"确实可以满足部分人类膨胀的表现欲和自信心，但是在某种意义上说，人不一定要"胜天"，看看人类活动对地球的影响：人类无休止的向大自然索取资源，随意的向大自然排放废物，地球的生物圈遭到严重破坏。在这种情况下，如果说一定要预测未来的话，那就是地球大气的臭氧层被破坏，全球气候变暖，冰川融化，海平面上升，淹没很多土地；另外，土地沙漠化，人类的耕地和居住地正被沙漠一点点的蚕食。总之，地球的未来不容乐观。所以，希望每个读者朋友都认真地阅读本书，思考一下，自己应该为地球做些什么。

地貌演化总趋势

长期来看，随着海陆分布格局的调整，物质循环的路径将会发生重大变化。太平洋的缩小，将会导致太平洋沿海地区参与循环的水减少；随着红海的扩张，将会给红海两岸带来更多的降水；随着大西洋的扩大，将会导致大西洋沿岸地区参与循环的水增多。从地形起伏演化的趋势推测，未来的海陆高差将会进一步增大，因为海洋在加深，陆地在增高。由于地面起伏的增大，大陆的侵蚀作用将加强，会有更多的物质被带到海洋；与此同时，地面起伏的增大还会有利于大气的运动和大气环流的变化，使参与水循环的水量和水循环的路径发生变化。

短期来看，21世纪随着温度的升高，生物分布界线将会向高纬度迁移，即有机物质向高纬度地区流动；而冰川将会融化，海面将会扩展，即地球上的水将会由高山、高纬地区流向低地、低纬地区。

5000万年后，按照冰川期变化规律，迎来新一季冰川，一些现存的脆弱种群消失。北半球亚欧大陆覆盖着茫茫积雪，南美洲雨林退化成大草原，北美洲则由针叶阔叶林变为大沙漠；非洲板块向上挤压，直布罗陀海峡闭合，地中海由内陆湖变为大盐场。亚欧大冰川会由于一些现存的脆弱种群消失，它们的位置被现存的一些生物取代，并在这个时期得以进化。一些生物依赖两种环境，一些生物却只能在自己的环境中生存。南美大草原环境的改变会进化出一批新的猎手和猎物。北美大沙漠将出现地上和地表下两套不同的小生态系统。

大约1亿年后，冰川期过去，南北极冰雪融化，加上海底大量岩浆喷发，海平面上升，地球气候进入新一轮温暖湿热期，造就了大片的浅海区、沼泽和雨林；同时由于地壳板块移动，板块之间的挤压产生了比现在更广袤的高原区。

2亿年后，根据现有地壳板块移动情况，这个年代的大陆又会合为一体，类似地质年代上的泛大陆。同时大量的火山爆发造成了新一轮生物种群灭亡。

由于内陆受海洋影响小，形成大量的沙漠，并产生至少两种截然不同的沙漠生态系统：内陆自给式和沿海依赖式；某些沿海地区的雨林则可能进化出新的智慧生命。

冰川期

地球表面覆盖有大规模冰川的地质时期。又称为冰川时期。两次冰期之间为一相对温暖时期，称为间冰期。地球历史上曾发生过多次冰期，最近一次是第四纪冰期。地球在四十多亿年的历史中，曾出现过多次显著降温变冷，形成冰期。特别是在前寒武纪晚期、石炭纪至二叠纪和新生代的冰期都是持续时间很长的地质事件，通常称为大冰期。大冰期的时间尺度达 107～108 年。大冰期内又有多次大幅度的气候冷暖交替和冰盖规模的扩展或退缩时期，这种扩展和退缩时期即为冰期和间冰期。

大冰期、冰期和间冰期都是依据气候划分的地质时间单位。大冰期的持续时间相当于地质年代单位的世或大于世，两个大冰期之间的时间间隔可以是几个纪，有人根据统计资料认为，大冰期的出现有 1.5 亿年的周期。冰期、间冰期的持续时间相当于地质年代单位的期。

冰川消融

喜马拉雅山冰川融化速度取决于人类治理环境的进程和效果

印度国家地球物理学研究所的穆尼尔·艾哈迈德表示，克什米尔地区一处喜马拉雅大冰川在 2007 年缩短了几乎 22 米，而其他几处小型冰川已经完全消失了。

印度气象厅的阿吉特·蒂亚吉说，如果地球依然保持目前的变暖速度，冰川消融的速度甚至会加快。阿吉特在最近举行的一次会议上说，1.5 万米的喜马拉雅冰川组成了一个独特的水库，为终年流淌的印度河、恒河与布拉马普特拉河提供了源泉，而这些河流正是南亚国家十几亿人口的主要饮用水来源。从目前的冰川融化速度来看，流淌在印度平原北部的大江大河有可能在不久的将来变成季节性河流。

喜马拉雅山冰川

　　有些科学家认为，悬浮在亚洲上空的将近 2 英里厚的污染云可能是问题的成因之一。人们原先认为，因烧柴烧粪和焚田焚林形成的污染云能够遮挡阳光，有助于降低地面温度，但科学家现在了解到，那些云里的烟灰颗粒物其实会吸收阳光，使地面吸收的热量增加近 50%。

　　针对喜马拉雅山冰川有可能在 2035 年完全消失的报道，中科院专家、玉龙雪山冰川与环境观测研究站长何元庆日前表示，从他观测的情况来看，不可能出现这种现象。

　　何元庆指出，玉龙雪山融化得要比喜马拉雅山冰川快，但根据他的观测，玉龙雪山平均一年厚度也就减薄 3 米，他认为一年减少 22 米的高度是不太可能的，况且就算每年融化 22 米的高度，但这个量对于海拔六七千米的喜马拉雅山冰川来说也不至于会在 50 年内消失。何元庆介绍说，全球温度受气候影响是波动性的，影响气候变暖的因素有两个：一是自然因素，包括太阳活动和宇宙环境的自然改变对地球的影响；另外一个是人类活动因素，包括温室气体排放、土地利用、绿地减少等等。

　　在此问题上，何元庆乐观地认为，如果按照自然的变化，未来几十年全球气候不一定会持续升温，或许有可能进入全球变冷的阶段；在人为因素方面，全球正在积极减排，也有助于遏止气候变暖的趋势。

要融化整个喜马拉雅山冰川，全球气温至少需要升高5℃以上，而从过去20多年的变化来看，全球的平均温度才升高了不到0.74℃。从事冰川研究38年的中科院研究员张文敬也指出，从另外一个方面来讲，冰雪的消融必然要吸收大量的热量，反过来又限制了气温的进一步升高，这就是一个循环的调节过程。况且，喜马拉雅中西部的珠穆朗玛北坡的冰川冰温低达-6℃至-10℃左右，就算地球平均气温升高3℃～6℃，也仅仅是将它们的冰温提高或接近融化状态的临界温度区间而已，仍达不到使其"冰河日下，江山为之变色"的地步。

所以，喜马拉雅山冰川会不会很快融化，要取决于人们治理环境的进程和效果，将来的喜马拉雅山冰川会变成什么样子仍然无法准确预测。

保护生态将可能使冰川再现

加拿大科学家日前指出，在未来的二三十年中，北美大陆西半部的基本水源——落基山脉的冰川将会全部融化。在过去的25年中，由于对这一问题的忽略而耽搁了时间，目前，每年冰川融化的速度超过了结冰的程度。在过去的100年中，落基山脉的阿萨巴斯卡冰川后退了1.5千米。

冰川后退是一个全球性的问题。研究加拿大北极环境问题的罗伯·斯伯特教授说，从目前科学考察的数据来看，我们可以看到北极冰川的厚度和宽度都在缩小，现在部分北极水域的冰层厚度比上个世纪70年代减少了大约

落基山脉冰川

40%。从世界各地的高山冰川来看，欧洲的阿尔卑斯山脉、非洲的乞力马扎罗山脉等都面临着冰川消融的问题。

高山冰川是河流的发源地，冰川通常应该缓慢地消融，允许溪水和河流常年流畅。在仲夏和夏末时节，人

们用水量最大，而冰川融化水量也是最大的。如果落基山脉冰川在二三十年后消失，那么，许多河流就会成为季节河。人们只能在春季冰雪融化时通过水库来储备水。此外，高山冰川融化还带来了冰川中沉积的核试验以及其他有害化学物质的污染释放问题。但许多生态学家认为，冰川消失、水资源短缺将是一个更难对付的问题。

加拿大生态学家辛德勒教授指出，虽然目前的气候转暖和干旱有一部分是自然原因造成的，但无疑人类对环境的影响是其中的一个主要因素。从长远来看，如果全球对生态环境状况的重视和保护措施得力，在一个世纪之后，将可能使冰川再现。因此，目前保护生态的意义重大。

地球大气中二氧化碳浓度增加将使气候变暖，格陵兰冰川加速融化

作为"生命母亲"的海洋就好似一个巨大的"碳调节器"，以其天然的碱性，不断吸收并分解着地球上大量的二氧化碳，调节着世界各地的气候。有学者称，自工业革命以来的200多年时间里，海洋大约吸收了一半以上人类产生的二氧化碳；目前地球上每人每年产生的二氧化碳中有1吨左右仍需依靠海洋进行吸收。自20世纪四五十年代，化石能源得到更为广泛的应用以来，人类碳排放速度和总量与此前不可同日而语，海洋虽然广阔无垠，却仍然有其极限。大气中二氧化碳水平从工业化时代前后的2ppm已飙升至如今的37ppm。

研究人员发现，和10年前相比，格陵兰冰川融化的速度增长了2倍。这意味着大西洋的上升速度可能比预期的要快，研究人员说，地面空气温度的升高可能是造成这一切的罪魁祸首。

研究人员认为，全球的冰川都正在加速消失。美国航空航天局的学者 Eric Rignot 说："格陵兰冰川的

格陵兰冰川

融化速度以及海平面的上升速度可能比预想的要快。"Rignot 说，1996 年至 2006 年间，格陵兰融化到大西洋的水量增加了 2 倍，从每年的 90 立方千米上升到了 220 立方千米。Rignot 说："1 立方千米的水量等于洛杉矶全年的用水总量。200 立方千米的水量是一个很大的数量。"专家们认为，大家低估了未来海平面上升的速度。

英国剑桥大学 Scott Polar 研究所的 Julian Dowdeswell 说："格陵兰冰川如果完全融化，将让海平面升高 7 米。"这份研究没有研究造成格陵兰地面空气温度上升的原因，但大部分的科学家认为，是人类活动造成了气温的升高，尤其是燃烧汽油，在全球气温升高中扮演了重要的角色。

有学者利用卫星数据地图来追踪格陵兰冰川的运动情况，他们发现，那里的冰川正在缓慢地融化，流向海洋，有些成为海上的零星小浮冰。他们计算认为，格陵兰每年融化的冰川水量抬高全球的海平面 0.02 英寸到 0.1 英寸。自从 1996 年以来，格陵兰东南部的冰川开始加速融化；从 2000 年开始，北部格陵兰的冰川也开始加速融化。学者们认为，未来冰川融化的速度还将加快。

一个世纪内北冰洋冰盖将持续缩小，并可能消失

美国国家冰雪数据中心发布的报告显示，目前北冰洋的冰雪融化已经到了很严重的地步，照此下去，预计一个世纪以内北冰洋的冰盖将彻底消失，冰面将不复存在。

1979 年至 2001 年，北极 9 月份的冰雪覆盖范围一直都以 6.5% 的速度萎缩，但是到了 2002 年，这个数字一下子蹿到了 7.3%，而现在这个数字接近 8%。专家们称，北冰洋冰盖的变化可能是全球变暖所致，他们担心这种下降的趋势达到一定程度后，冰盖将无法恢复。

北极冰雪面积随季节变化而变化。通常，北极冰盖从每年春末到 9 月持续缩小，而到秋冬季节又恢复到最大。但研究人员发现，2004 年至 2005 年的冬季，北极冰盖的恢复程度是近 20 多年中最小的。北冰洋上的冰盖面积，今年每个月份都创下了同期最低历史纪录。20 世纪 90 年代北极冰盖也出现缩小

的趋势，那时科学家认为这可能是北极上空的气流将冰盖"吹"向南方所导致的。但2002年以来北极上空的气流已发生变化，而冰盖仍以平均每年8.5%的速度持续缩小，这使科学家相信，冰盖缩小的根本原因是全球变暖。研究人员说，消失的北极冰盖中至少有一部分是不可弥补的。

北冰洋

阿尔卑斯山冰川绝大部分将消失

奥地利科学家最近发出警告说，阿尔卑斯山上终年不化的冰川将在2050年完全消融，并给整个欧洲大陆带来难以估量的损失。这是全球变暖的又一最新例证。

科学家在有关全球气候变化的学术研讨会上表示，到2050年，绝大部分现存于阿尔卑斯山上的冰川将会完全消融，目前已有确凿证据显示，覆盖该地区的冰层正处于不断融化的状态中。

阿尔卑斯山冰川

奥地利因斯布鲁克大学生态研究所的罗兰·普塞纳指出，位于奥地利西部地区的蒂罗尔州恰好处在阿尔卑斯山区，根据常年监测数据，那里的冰川正在以每年大约3%的幅度缩减。目前阿尔卑斯山冰川的平均厚度为30米。普塞纳说："我们确信，到

2050 年时，除了某些位于海拔 4000 米以上的冰川会得以幸存外，其他冰川都将不复存在。"

安第斯山脉的冰川将很快消失

法国和南美科学家警告说，安第斯山脉的小冰川可能会在 2015 年后消失。这些冰川的消失和厄尔尼诺气候的频繁出现有关。

安第斯山脉的冰川

研究人员说，在玻利维亚和厄瓜多尔两处冰川上所做的试验表明，这些热带纬度上独一无二的奇观到 2015 年将完全融化。科学家在一份声明中说："在过去差不多 10 年左右的时间里，冰川萎缩的速度明显加快。如果冰川继续以同样的速度萎缩，它们最终消失的时间还要提前。"这些研究人员来自法国发展研究所、玻利维亚水力水文研究所和厄瓜多尔气象水文研究所。

他们的发现印证了由各国政府间气候变化专门委员会（IPCC）发布的警告。IPCC 是为联合国提供咨询的最高级别的气候专家委员会。在 IPCC 这份报告中提到，由于全球变暖，20 世纪 60 年代以来全球雪盖已减少了 10%，非极地区的冰川也出现大范围萎缩。然而，这项最新的研究结果将安第斯山脉的冰川面临的威胁明确地归因为更为频繁出现的厄尔尼诺气候。厄尔尼诺使得当地降水明显减少。

厄尔尼诺是太平洋大范围海温异常现象，南美沿岸出现异常暖海水，澳大利亚和新西兰出现异常冷海水。厄尔尼诺能引起世界范围内气候异常，在从亚洲到非洲之角的不同地区造成干旱、洪水、霜冻和森林火灾。厄尔尼诺每隔 2～10 年出现一次，平均每个周期长度为 4.5 年，但是过去 20 年其发生频率明显加快。气候学家认为，厄尔尼诺发生频率加快的原因是全球变暖。全球变暖使得西太平洋出现大范围暖海水集积，从而破坏了原先的流型和降水型。

全球变暖这一术语被用来描述由于二氧化碳气体的排放导致的日益升高的大气温度。而二氧化碳气体的排放又主要是人类燃烧煤炭、石油、天然气引起的。二氧化碳和其他所谓的"温室气体"在大气低层阻止地表和大气的长波辐射向太空传输。

海平面上升

海平面上升是由全球气候变暖、极地冰川融化、上层海水变热膨胀等原因引起的全球性海平面上升现象。研究表明，近百年来全球海平面已上升了 10～20 厘米，并且未来还要加速上升。但世界某一地区的实际海平面变化，还受到当地陆地垂直运动——缓慢的地壳升降和局部地面沉降的影响，全球海平面上升加上当地陆地升降值之和，即为该地区相对海平面变化。因而，研究某一地区的海平面上升，只有研究其相对海平面上升才有意义。

Wu 和 Peltier（1983）估计北半球劳仑泰德冰盖和斯堪的纳维亚的冰盖于 18000 年前开始融化，快速融化始于 1350 年前到 7000 年前，7000～5000 年前的冰融量减少。Jaritz 和 Ruder（1977）绘出莫桑比克全新世海面变化曲线，10000～8000 年前期间海面以每百年 2.65 米的速率快速上升，8000～6000 年前期间海面上升速率明显减慢，降为每百年 0.47 米。6000 年前海面达到最高点，高出现代海面 2.5 米。此后海面缓慢下降至现代海面位置。

19 世纪气候变暖以来，海平面上升速度为平均每百年 0.10～0.15 米。即 10000～8000 年前期间海面上升速度是其近 26 倍，因此 10000～8000 年前期间地壳均衡的强度也应该是目前的 26 倍。这样，在 10000～8000 年前期间，目前的 1000 年间隔的强震将缩短为 50 年间隔，百年间隔的地震将缩短为 4 年间隔。6000 年前海面达到最高点，高出现代海面 2.5 米。10000～6000 年前期间应该是地球的强震集中爆发时期。

海平面上升对沿海地区社会经济、自然环境及生态系统等有着重大影响。首先，海平面的上升可淹没一些低洼的沿海地区，加强了的海洋动力因素向海滩推进，侵蚀海岸，从而变"桑田"为"沧海"；其次，海平面的上升会使风暴潮强度加剧，频次增多，不仅危及沿海地区人民生命财产，而且还会使土地盐碱化。海平面随时都在上升化，海水内侵，造成农业减产，破坏生态环境。在中国，受海平面上升影响严重的地区主要是渤海湾地区、长江三角洲地区和珠江三角洲地区。

海平面

海平面（Sea level），是海的平均高度。它是通过与标准平面的高度比较来确定的，然而由于牵涉到一些复杂且困难的测量，使得精确确定海平面成

海平面图

为一个困难的工作。测量海平面的仪器叫做验潮仪，一般微风所导致的海面的波浪可以通过平均的方法消除掉，潮汐所导致的海平面的升高和跌落也可以通过长时间的观测后取平均值的方法消除掉。海平面的测量总是相对于陆地的测量，因此海平面的变化可以是真正地由于海面的变化导致的，也可以是由于陆地的变化导致的。2009 年 12 月 1 日，总部设在英国剑桥的南极研究科学委员会发布研究报告称，气候变化可能导致 21 世纪末海平面最高上升 1.4 米，这一最新预测是原先估计值的两倍多。

亚马孙热带雨林消失

森林历来被人们称为"地球之肺",其中,颇具神秘色彩的热带雨林无疑是这个巨大呼吸器官的重要组成部分。森林是世界动植物资源的宝库,是举世无双的自然博物馆。其中,最为著名的巴西亚马孙热带雨林是全球热带雨林的典型,它占据了地球上热带雨林总量的

亚马孙热带雨林

1/3,平均每0.01平方千米面积中所包含的植被总量超过整个欧洲各种植被数量的总和,几乎每种热带地区的动物和昆虫都能够在这里找到其代表……然而,令人遗憾的是,这种动植物大聚会的热闹场面已经很难持续下去,因为全球范围内的热带雨林正在快速消失,其连锁反应使这一热闹场面快速走向衰败。

尽管今天的人们还可能对许多环境问题观点不一、争论不休,但大家在一个问题上却出奇的一致:那就是从心底里发出的拯救快速消失的热带雨林的呼吁。最近一位美国科学家采用最新的数据模型分析系统,对世界上最大的热带雨林聚集地带——亚马孙热带雨林的近况进行了研究和实地考察,其结果令许多人感到十分震惊:以亚马孙雨林为代表的全球热带雨林的消失速度远远超出了人们的想象,人类对热带雨林的破坏程度从某种角度说,简直达到了触目惊心的地步。

根据美国宾夕法尼亚大学的一位教授的统计,亚马孙热带雨林从现在开始,以每年1%的速度消失的话,大约10～15年的时间里就将达到"无法挽回的局面"的悲惨境地。教授的模型进一步表明,巴西的热带雨林在40～50

年内将会被完全破坏消失，这一速度已经远远超过人们原来预计的结果。许多人原来估计，该国整个热带雨林的消失应该在 75～100 年以后。

对于全社会而言，终止对热带雨林的破坏是一个很难解决的问题，数以百万计的人们居住在主要热带雨林区域，例如居住在巴西和刚果的热带雨林以及东南亚热带雨林的人们，他们非常依赖雨林来维持自己的生活。"你不可能在许多人正生活在极端贫困中时，让他们远离这些热带雨林。"

亚马孙热带雨林

亚马孙热带雨林位于南美北部亚马孙河及其支流流域，为大热带雨林，面积 6000000 平方千米，覆盖巴西总面积 40%。北抵圭亚那高原，西接安地斯山脉，南为巴西中央高原，东临大西洋。亚马孙热带雨林气候特点是多雨、潮湿及普遍高温。

亚马孙热带雨林蕴藏着世界最丰富最多样的生物资源，昆虫、植物、鸟类及其他生物种类多达数百万种，其中许多科学史上至今尚无记载。常见植物品种包括香桃木、月桂类、棕榈、金合欢、黄檀木、巴西果及橡胶树。桃花心木与亚马孙雪松可作优质木材。主要野生动物有美洲虎、海牛、貘、红鹿、水豚和许多啮齿动物，亦有多种猴类，有"世界动植物王国"之称。

亚马孙热带雨林还具有相当重要的生态学意义，它的生物量足以吸收大量的二氧化碳，近年来保护亚马孙热带雨林已经成为一个重要的论题了，亚马孙热带雨林依靠亚马孙河流域非常湿润的气候，它的生物多样化相当出色，聚集了 250 万种昆虫，上万种植物和大约两千种鸟类和哺乳动物，生活着全世界鸟类总数的 1/5。有的专家估计每平方千米内大约有超过 75000 种的树木，15 万种高等植物，包括有 9 万吨的植物生物量。

沙漠化蔓延

气候变冷和构造活动变弱是沙漠化的主要原因，人类活动加速了沙漠化的进程。

地球轨道的逐渐演变使北半球变冷，季风变弱，导致降雨量减少，垂死植物减弱了蒸发作用，减少了降水的再循环，导致更多植物干枯死亡，苍翠的牧地退变为黄沙，居民被迫另择栖息之地。

人们为了获得更多的食物，不管气候、土地条件如何，随便开荒种地、过度放牧；为了解决燃料问题，不管后果如何，肆意砍树割草。干旱和半干旱地区本来就缺水多风，现在土地被蹂躏、植被遭破坏，降水量更少了，风却更大更多了。大风强劲地侵蚀表土，沙子越来越多，慢慢地沙丘发育，这就使可耕牧的土地变成不宜放牧和耕种的沙漠化土地。

人类对自然环境的破坏也是沙漠化的重要原因。沙漠化最明显的地方之一，在撒哈拉沙漠南侧的撒黑尔。此地的北部，以游牧或放牧的形态饲养着羊和骆驼，把整个地区的植物都吃光了，导致土地光秃秃的一片。而较为湿阔的南部，则因家畜过度繁殖，再加上原本不过方寸小的耕地，禁不起接连不断的耕作，整个地区逐渐变成不毛之地。

据欧洲宇宙开发署正在实施的一项名为"沙漠巡视员"的计划显示，方圆30万平方千米的欧洲地中海沿岸地域，正处于"沙漠化"的危机状态。为此，西班牙环境部长曾发出警告，让全欧洲都来关注雨量减少和气温上升的长期化影响。巴伦西亚大学沙漠化调查中心的鲁比奥主任也警告说，干旱带来的沙漠化，其主要成因之一就是土壤受干旱的影响过重、时间过久，很容易造成土壤的干裂沙尘化。不久的将来，沙丘地貌不仅只在意大利海岸地带的避暑胜地出现，而且整个欧洲沙漠化的态势也在亦步亦趋地蔓延。

沙漠化之所以会大踏步地向欧洲蔓延，其重要原因之一是土地和水资源的破坏。在西班牙，几座最大规模的城市正在变成最干燥的地域，沙漠化正在日复一日地向农田挺进，势态日趋严峻。30年前，被称为"绿色粮仓"的

西班牙慢慢沙化的土地

阿尔梅里亚地域，如今竟有270平方千米黑油油的土地变成了细细的沙土，几乎看不到一丝绿意。现在，人们又在死去的沙土地上引进了一项更令人窒息的产业，即在寸草不生的沙土上大兴观光旅游业。这使那些支离破碎的田园土地处于更加岌岌可危的境地，其耕作寿命因人为破坏而更如风前之灯，憔悴得经不起一击。

我国的沙漠化现状

我国"三北"地区（西北、华北、东北地区）沙化土地面积共约17.6万平方千米。其中，历史上早已形成的有12.5万平方千米，近一百年来形成的有5.6万平方千米。此外，还有15.6万平方千米有发生沙化的危险。初步统计，从20世纪50年代到70年代末，沙化土地平均每年扩展约1500平方千米。近年来我国南方湿润地区，如鄱阳湖平原也出现了土地沙化现象。

目前，中国的荒漠化形势已非常严峻，荒漠化土地面积已占国土面积的27.3%，而在干旱、半干旱和亚湿润干旱地区，荒漠化土地所占比例已接近80%。特别是与人民群众生活直接相关的草地和耕地的退化状况已相当严重，草地退化率已达56.6%，耕地退化率也超过40%，与此同时，天然林和人工林也受到严重威胁，出现大面积退化以至衰亡，塔里木河下游长达180千米的"绿色走廊"由于河流水量剧减而濒临毁灭；阿拉善绿洲已缩小5.7万公顷，居延海已近干涸，民勤绿洲也在迅速衰退，以至有人预测照此下去，到下个世纪民勤绿洲将不复存在。根据全国普查，20 世纪 70 年代以来，我国沙化土地平均每年以 460 平方公里的速度扩展。

冰河时代可能再现

长期以来，研究人员一直努力研究如何阻止或减缓世界气候变暖的步伐。近期，有关专家惊奇地发现世界气候危机不是变暖，而将是又一轮冰河时代的到来，欧洲、亚洲和南美洲将受灾惨重。

英国和加拿大专家向世界发出警告称，未来 10000 到 100000 年内，将迎来新一轮冰河时代到来，将使苏格兰、北爱尔兰和英格兰大部分区域被 900 多米深的冰川所覆盖，而英国东部的大冰层将达到 1800 多米的厚度。从苏格兰东部阿伯丁郡到英国东部肯特郡的广阔区域，冰层厚度大都会达到 1800 多米，这要比英国最高的山本尼维斯山还要高。对此，专家认为导致这种极端严寒气候的再度来临，其原因是由于未来大气中具有温室效应的气体含量不足，如二氧化碳、甲烷等气体等。来自爱丁堡大学托马斯克·劳利和加拿大籍同事威廉·海德表示，现在人们积极主张限制二氧化碳、甲烷等温室效应气体的排放量，但是，实际上，这些具有温室效应的气体对于阻止严寒具有极为重要的作用。

 知识点

冰河时代

在近一百万年的第四纪中，有过几次冰川期，在冰期之间又有过气候较暖的间冰期。冰期和间冰期的交替造成了地球上冰川的扩展和退缩，并对整个地理环境特别是生物界有极大的影响。

一般所说的冰河时代，主要是指第四纪大冰川的时代。因为它离我们最近，在地貌及沉积物等方面遗留下许多痕迹，使我们对它了解得比较详细。

实际上在整个地球发展史中发生过好几次这样的大冰期，有时冰川的范围扩大到目前在赤道附近的北非、印度和澳洲。根据发展的观点来看，地球上今后还有可能发生大冰川的降临。

最近一次冰河时代结束于一万多年前，在那次冰河时代，冰川从两极一直向赤道地区延伸，在纽约这样纬度的地区，冰层竟也厚达1千米，那是个很寒冷的时代，我们人类的祖先就亲眼见证过这个时代。但是，在遥远的过去，在人类最古老的脊索动物祖先还没出现的时代，曾经有过一次持续时间更长、更为寒冷、也更为壮观的宏大的冰河时代，整个地球在那个时代都被冻结成一个巨大的雪球。这个极早的冰河时代的名称是瓦兰吉尔冰期（Varanger glaciation），Joseph Kirschvink 在 1992 年给它起了个形象的名字——雪球地球（Snowball Earth）。对于这段历史的发现是在 20 世纪 60 年代由剑桥地质学家 W. Brian Harland 做出，他在研究 7 亿年前的岩石时发现它们都和冰有过接触，一些岩石上面有冰川的划痕，其他的则从冰山的底部落入洋底，而这些岩石来自世界各地，包括那些非常靠近赤道的地方，这很奇怪，因为很难想象在赤道的海平面地区居然也会出现冰。他虽然通过研究很快得出结论：地球在 7.5 亿年前到 5.8 亿年前有过大规模冰川运动，但是根据过去的经验，其他世代的冰川从来都不会遍及所有大陆，即使在最严重的冰期，赤道附近的大陆上也很难找到冰。